衢州南孔祭典

衢州南孔祭典

总主编 金兴盛

浙江省非物质文化遗产代表作丛书

浙江摄影出版社

崔铭先 庄月江 徐寿昌 编著

总　序

中共浙江省委书记
省人大常委会主任　夏宝龙

　　非物质文化遗产是人类历史文明的宝贵记忆，是民族精神文化的显著标识，也是人民群众非凡创造力的重要结晶。保护和传承好非物质文化遗产，对于建设中华民族共同的精神家园、继承和弘扬中华民族优秀传统文化、实现人类文明延续具有重要意义。

　　浙江作为华夏文明发祥地之一，人杰地灵，人文荟萃，创造了悠久璀璨的历史文化，既有珍贵的物质文化遗产，也有同样值得珍视的非物质文化遗产。她们博大精深，丰富多彩，形式多样，蔚为壮观，千百年来薪火相传，生生不息。这些非物质文化遗产是浙江源远流长的优秀历史文化的积淀，是浙江人民引以自豪的宝贵文化财富，彰显了浙江地域文化、精神内涵和道德传统，在中华优秀历史文明中熠熠生辉。

　　人民创造非物质文化遗产，非物质文化遗产属于人民。为传承我们的文化血脉，维护共有的精神家园，造福子孙后代，我们有责任进一步保护好、传承好、弘扬好非物质文化遗产。这不仅是一种文化自觉，是对人民文化创造者的尊重，更是我们必须担当和完成好的历史使命。对我省列入国家级非物质文化遗产保护名录的项目一项一册，编纂"浙江省非物质文化遗产代表作丛书"，就是履行保护传承使命的具体实践，功在当代、惠及后世，有利于群众了解过去，以史为鉴，对优秀传统文化更加自珍、自爱、自觉；有利于我们面向未来，砥砺勇气，以自强不息的精神，加快富民强省的步伐。

党的十七届六中全会指出，要建设优秀传统文化传承体系，维护民族文化基本元素，抓好非物质文化遗产保护传承，共同弘扬中华优秀传统文化，建设中华民族共有的精神家园。这为非物质文化遗产保护工作指明了方向。我们要按照"保护为主、抢救第一、合理利用、传承发展"的方针，继续推动浙江非物质文化遗产保护事业，与社会各方共同努力，传承好、弘扬好我省非物质文化遗产，为增强浙江文化软实力、推动浙江文化大发展大繁荣作出贡献！

（本序是夏宝龙同志任浙江省人民政府省长时所作）

前言

浙江省文化厅厅长　金兴盛

要了解一方水土的过去和现在，了解一方水土的内涵和特色，就要去了解、体验和感受它的非物质文化遗产。阅读当地的非物质文化遗产，有如翻开这方水土的历史长卷，步入这方水土的文化长廊，领略这方水土厚重的文化积淀，感受这方水土独特的文化魅力。

在绵延成千上万年的历史长河中，浙江人民创造出了具有鲜明地方特色和深厚人文积淀的地域文化，造就了丰富多彩、形式多样、斑斓多姿的非物质文化遗产。

在国务院公布的四批国家级非物质文化遗产名录中，浙江省入选项目共计217项。这些国家级非物质文化遗产项目，凝聚着劳动人民的聪明才智，寄托着劳动人民的情感追求，体现了劳动人民在长期生产生活实践中的文化创造，堪称浙江传统文化的结晶，中华文化的瑰宝。

在新入选国家级非物质文化遗产名录的项目中，每一项都有着重要的历史、文化、科学价值，有着典型性、代表性：

德清防风传说、临安钱王传说、杭州苏东坡传说、绍兴王羲之传说等民间文学，演绎了中华民族对于人世间真善美的理想和追求，流传广远，动人心魄，具有永恒的价值和魅力。

泰顺畲族民歌、象山渔民号子、平阳东岳观道教音乐等传统音乐，永康鼓词、象山唱新闻、杭州市苏州弹词、平阳县温州鼓词等曲艺，乡情乡音，经久难衰，散发着浓郁的故土芬芳。

泰顺碇步龙、开化香火草龙、玉环坎门花龙、瑞安藤牌舞等传统舞蹈，五常十八般武艺、缙云迎罗汉、嘉兴南湖掼牛、桐乡高杆船技等传统体育与杂技，欢腾喧闹，风貌独特，焕发着民间文化的活力和光彩。

永康醒感戏、淳安三角戏、泰顺提线木偶戏等传统戏剧，见证了浙江传统戏剧源远流长，推陈出新，缤纷优美，摇曳多姿。

越窑青瓷烧制技艺、嘉兴五芳斋粽子制作技艺、杭州雕版印刷技艺、湖州南浔辑里湖丝手工制作技艺等传统技艺，嘉兴灶头画、宁波金银彩绣、宁波泥金彩漆等传统美术，传承有序，技艺精湛，尽显浙江"百工之乡"的聪明才智，是享誉海内外的文化名片。

杭州朱养心传统膏药制作技艺、富阳张氏骨伤疗法、台州章氏骨伤疗法等传统医药，悬壶济世，利泽生民。

缙云轩辕祭典、衢州南孔祭典、遂昌班春劝农、永康方岩庙会、蒋村龙舟胜会、江南网船会等民俗，彰显民族精神，延续华夏之魂。

我省入选国家级非物质文化遗产名录项目，获得"四连冠"。这不仅是我省的荣誉,更是对我省未来非遗保护工作的一种鞭策,意味着今后我省的非遗保护任务更加繁重艰巨。

重申报更要重保护。我省实施国遗项目"八个一"保护措施,探索落地保护方式,同时加大非遗薪传力度,扩大传播途径。编撰浙江非遗代表作丛书,是其中一项重要措施。省文化厅、省财政厅决定将我省列入国家级非物质文化遗产名录的项目,一项一册编纂成书,系列出版,持续不断地推出。

这套丛书定位为普及性读物,着重反映非物质文化遗产项目的历史渊源、表现形式、代表人物、典型作品、文化价值、艺术特征和民俗风情等,发掘非遗项目的文化内涵,彰显非遗的魅力与特色。这套丛书,力求以图文并茂、通俗易懂、深入浅出的方式,把"非遗故事"讲述得再精彩些、生动些、浅显些,让读者朋友阅读更愉悦些、理解更通透些、记忆更深刻些。这套丛书,反映了浙江现有国家级非遗项目的全貌,也为浙江文化宝库增添了独特的财富。

在中华五千年的文明史上,传统文化就像一位永不疲倦的精神纤夫,牵引着历史航船破浪前行。非物质文化遗产中的某些文化因子,在今天或许已经成了明日黄花,但必定有许多文化因子具有着超越时空的生命力，直到今天仍然是我们推进历史发展的精神动力。

省委夏宝龙书记为本丛书撰写"总序"，序文的字里行间浸透着对祖国历史的珍惜，强烈的历史感和拳拳之心。他指出："我们有责任进一步保护好、传承好、弘扬好非物质文化遗产。这不仅是一种文化自觉，是对人民文化创造者的尊重，更是我们必须担当和完成好的历史使命。"言之切切的强调语气跃然纸上，见出作者对这一论断的格外执着。

非遗是活态传承的文化，我们不仅要从浙江优秀的传统文化中汲取营养，更在于对传统文化富于创意的弘扬。

非遗是生活的文化，我们不仅要保护好非物质文化表现形式，更重要的是推进非物质文化遗产融入愈加斑斓的今天，融入高歌猛进的时代。

这套丛书的叙述和阐释只是读者达到彼岸的桥梁，而它们本身并不是彼岸。我们希望更多的读者通过读书，亲近非遗，了解非遗，体验非遗，感受非遗，共享非遗。

2015年12月20日

目录

序言 // PREFACE

中华文明源远流长，孔子创立的儒家文化无疑是这一文明长河的思想主河道，衢州则是这条河道上一个重要的节点。1128年，孔子四十八世嫡长孙孔端友随宋高宗南迁，钦赐世居衢州，建立孔氏南宗家庙。此后，孔子嫡裔在衢州栉风沐雨、衍圣宏道800多年，衢州成为南方新的儒学研究中心，被称为"东南阙里，南孔圣地"，儒家文化也成为衢州最重要的文化脉络和文化品牌。

礼有五经，莫重于祭。2004年9月，衢州掀开南孔祭典的帷幕，自此每年一祭，已连续12年。和史上其他祭孔形式不同，新时期的南孔祭典定位于"当代人祭祀孔子"，将传统祭祀典礼与当代文化生活、儒学普及活动相结合，让更多的人参与其中，展现出了一种全新的文化祭祀观。2011年，衢州南孔祭典入选国家级非物质文化遗产。

不忘本来才能开辟未来，善于继承才能更好创新，培育和弘扬社会主义核心价值观必须立足中华优秀传统文化。2006年，时任浙江省委书记习近平在衢州调研时，要求"要让孔子文化重重落地"。为此，近年来，衢州把儒家文化精华融入经济社会发展的方方面面，开全国最美宣传之先，持续深入地开展"最美衢州人"主题宣传实践活动，大力弘扬"诚信、责任、仁爱、奉献"的衢州人价值观，建设道德高地，形成了培育和践行社会主义核心价值观的衢州样本，在全国产生了广泛影响。儒学文化的深刻内涵在衢州有了最生动的展现，儒学文化的当代价值在衢州有了最精彩的演绎。

历史的衢州给人以文化自信，当代的衢州更催人以文化自觉。我们今天祭祀孔子，就是要大力弘扬中华民族优秀传统文化，推进社会主义核心价值观的重重落地，推动中国梦的重重落地。我们期待更多的专家学者和社会各界人士参与到孔氏南宗文化的研究、开发和建设中来，以更高的层次、更宽的视野、更新的角度，探索儒家文化的现代意义，让南孔文化继续发扬光大，推动中华文化大发展大繁荣。

中共衢州市委常委、宣传部长　诸葛慧艳

2015年11月

一、概述

衢州孔氏家庙雄踞东南，历南宋、元、明、清至民国，兼曲阜孔庙和家庙二庙之功能。它既是官方介入祭祀及「州县文臣初至官」时祗谒孔子先圣的官庙，又是南渡孔氏嫡长裔孙及其族属祭祀祖先的家庙。

一、概述

　　孔氏家庙，是孔子嫡系子孙用来祭祀圣祖孔子及其他祖先的庙堂。公元前195年，汉高祖刘邦在山东曲阜开了以太牢（古代帝王祭祀社稷时，牛、羊、猪三牲全备）祭祀孔子的先河，之后，其曾孙武帝刘彻进而在政治上"罢黜百家，独尊儒术"。此后两千多年来，历代帝王为了维护自己统治的需要，为了维护大一统的局面，无不用孔子所创立的儒家学说来支撑其封建大厦。他们在对孔子褒封加谥，使之成为"大成至圣文宣先师"的同时，一方面不断地给孔氏宗子封官晋爵，"使圣人之后绵长，与天地相为悠久"；另一方面则是无限制地扩充曲阜孔氏家庙，使之由"庙屋三间"发展成为占地三百二十七亩半的天下第一庙。祭祀等级之高，无与伦比。从汉高祖刘邦至清乾隆弘历，先后有十一位皇帝十八次莅临曲阜祭祀孔子。至于派大臣至曲阜致祭并宣读皇帝祭文，则有一百九十六次之多。祭祀的对象除了孔子之外，还有孔子的先祖先妣。而更为重要的是，大成殿中还增添了从祀的"四配"、"十二哲"和东西两庑中从祀的七十九位历代先贤、七十七位历代先儒。因此，曲阜孔氏家庙，实际上已演变成中国儒学代表人物的祀庙，是封建朝廷国祭孔子的国庙。其大成殿、东西两庑所祀的对象，构成了我国古代儒学的发展史。

诚然，在曲阜孔氏家庙演变成巍峨的九重殿宇的孔庙之后，却依然保留了家庙。这保留的家庙名为"大宗家庙"，七间正堂，分别祭祀孔子夫妇、孔鲤夫妇、孔伋夫妇和中兴祖孔仁玉夫妇。

[壹]孔氏南渡

自唐太宗贞观年间（627—649）诏"州县皆特立孔子庙"以来，全国的府州县均设有孔子庙，至清末，数量达1560多座。"而为孔氏之家庙者，遍行天下，惟曲阜与衢州耳。"（清代康熙大学士、兵部尚书李之芳语）

衢州孔氏家庙，缘起于南宋朝廷的建炎南渡。

北宋末年，居住在今东北三省的女真人问鼎中原。靖康二年（1127）四月，女真人攻陷北宋首都汴京（今河南开封），掳去宋徽宗、宋钦宗两位皇帝，北宋灭亡。同年五月，宋徽宗的第九个儿子赵构，在应天（今河南商丘）登基称帝，是为宋高宗。宋高宗改元建炎，由此开始了延续一百五十余年的南宋王朝。

建炎二年（1128）秋，宋高宗赵构为躲避气势汹汹南下的女真大军，驻跸扬州，"诏东京所属官吏，奉祀器、大乐、仪仗、法物，赴行在所"，参加即将举行的冬至郊祀。同年十一月，孔子四十八世嫡长孙、衍圣公孔端友偕孔庭族长孔传奉诏抵达扬州侍祀。同年十二月，已经回到曲阜的衍圣公孔端友，经合族商议，决定追随朝廷，携带端木子贡手摹"孔子及亓（qí）官夫人楷木像"、北宋政和五年（1115）朝廷所颁"至圣文宣王庙朱记"铜印、唐代吴道子所绘"先圣遗像"等传家珍宝，率领近支族人，避寇于扬州。

　　建炎三年（1129）二月，女真人大举南下，大军渡过黄河、淮河，锋芒直指宋高宗驻跸的扬州。宋高宗只好仓皇南渡。孔端友一行毅然扈从宋高宗渡长江至临安（今杭州）。除留守陵庙的胞弟端操，从弟端禀、端立，以及当时已"逃难四出，流落民间"者外，其他随宋高宗南渡的有：四十八世孙端廉、端弼、端雅、端朝、端问、端已、端

孔子及亓官夫人楷木像　　　　　　"至圣文宣王庙朱记"铜印

位、端植、端隐、端佐、端礼、端躬、端闻、端任、端穆、端思、端伟、端修、端原、端志、端越等二十一位；四十九世孙端本子孔珪、孔璋，端禀子孔琛，端节子孔琛、孔瓒，壎子孔琯，端言子文杰等七位。

为暂时安置南渡族属，衍圣公孔端友偕叔父孔传诣阙上疏，"叙家门旧典及离祖丧家之苦"。宋高宗念其扈跸之诚，赐家于当时经济比较繁荣、社会相对安定的位于钱塘江上游的衢州，"计口量赐田亩，除烝尝外，均赡族人"。孰知由于宋金的长期对峙，衢州便成了孔氏大宗一脉及其部分族属的世居之地，也成为因仕宦或游学等转徙浙、赣、闽、粤、桂、苏、皖、湘、鄂诸省族人心仪的"东南阙里"。

"宗子去国，以庙从焉。"这是中国孔庙礼制史上一件非同寻常的大事。在孔氏大宗南渡衢州的八百余年中，经过让爵、复官的坎坷历程，孔氏家庙数易其址，但仍未改变其祭祖的初衷。如今，衢州孔氏家庙犹殿阁巍峨、两庑庄严，展现着南渡前的阙里庙制。

衢州孔氏家庙雄踞东南，历南宋、元、明、清至民国，兼曲阜孔庙和家庙二庙之功能。它既是官方介入祭祀及"州县文臣初至官"时祗谒孔子先圣的官庙，又是南渡孔氏嫡长裔孙及其族属祭祀祖先的家庙。

[贰]衢州的孔氏家庙

1. 衢州孔氏家庙简介

与曲阜孔氏家庙不同，衢州的孔氏家庙，由宋及清，建筑规格虽有提高，但其祭祀对象始终是孔氏家族的祖先，突出一个"家"字而又兼及其南渡的历史。衢州孔氏家庙的核心——大成殿，以圣祖孔子为正位；二世祖泗水侯孔鲤、三世祖沂水侯孔伋为配位，是为"二配"。庙堂内祭祀的都是直系血亲，与曲阜孔庙及天下文庙大成殿内的"四配"（除孔伋外）、"十哲"或"十二哲"有着根本的区别。大成殿前的东西两庑，东庑祀中兴祖孔仁玉和南渡族长孔传，

衢州孔氏家庙全貌

西庑祀南渡祖、衍圣公孔端友,与曲阜两庑分祀对儒家学说做出巨大贡献的一百五十六位先贤先儒迥然不同,这在全国文庙中是绝无仅有的。

衢州孔氏家庙之东轴线,自北而南,分别是:崇圣祠(清雍正元年后改为五王祠),祀孔子上五世先祖;恩官祠,祀有功于家庙、孔氏家族的官员;家塾,教读南渡孔氏裔孙。西轴线与孔府毗连,自北而南,分别是:六代公爵祠,祀南渡六代衍圣公;袭封祠,祀孔洙让爵后、复封前的五代宗子及十三代世袭翰林院五经博士和二位未袭而卒者;五支祠,祀族长孔传后裔五大宗支之祖。

大成殿两侧的独立院落:东为圣泽楼,原名御书楼,陈放历代诏敕及赏赐物品;西为思鲁阁,南宋时名思鲁堂,供"合族讲学,且以志不忘阙里之旧"。明、清、民国时,思鲁阁上供奉"孔子及亓官夫人楷木像",阁下为孔端友与孔传摹刻唐代吴道子所绘"先圣遗像"的石碑。

综上所述,联系古时在大成门上

"先圣遗像"石碑

悬"东南阙里"、大成殿上悬"泗浙同源"、东轴线崇圣门上悬"圣泽流长"、西轴线与孔府共用的大门上悬"孔氏先宗"等匾额，无论从家庙的礼制建筑，还是祭祀对象的角度来评价，衢州孔氏家庙虽然占地只有二十一亩，但与曲阜孔庙中仅十二楹的家庙相比，在我国数千座孔庙群体中，堪称一枝独秀。

2. 衢州孔氏家庙几易其址

(1) 州学家庙

南宋绍兴六年（1136），"朝命权以家庙寓学宫（大成殿），春秋舍奠"。孔端友与孔传将唐代吴道子所绘"先圣遗像"摹勒上石，

菱湖家庙图

供奉庙中，以垂永久。绍兴八年（1138），宋金对峙局面基本形成，高宗建都临安，又追赐衢州田五顷，以供祭祀。这在"开禧北伐"失败、"端平入洛"无望之前，庙于州学大成殿，无疑是最佳选择。

(2) 菱湖家庙

南宋宝祐元年（1253），蒙古贵族迅速崛起。南宋政权鉴于苟安江南的政治需求，以及孔氏

宗子在衢州以来锡封嗣爵却"缺庙于家"的现状，敕准衍圣公孔洙、衢州知州孙子秀鼎建家庙"如阙里制"的请求，拨款三十六万缗，遂"仿曲阜之制，追鲁庙之遗"，建家庙于城北胜地菱湖芙蓉堤。所不同的是，一是"先圣殿"只有"二配"，即孔鲤、孔伋；二是"后为堂曰'思鲁'，俾合族讲学，且以志不忘阙里之旧"。南宋时的阙里庙制与现存的九重庙堂不同，其礼制建筑仍以祀祖为主，尚处于家庙向儒学祀庙转变的过程中，可视其为准家庙。南宋宗室、礼部尚书赵汝腾在所撰的《南渡家庙（记）》中，盛赞菱湖家庙"枕平湖，以象洙泗；面龟峰，以想东山"。令人遗憾的是，在宋元之际，菱湖家庙毁于兵火。

(3) 城南家庙

元初，衍圣公孔洙以衢州孔氏一族之力，徙建于南渡孔氏聚居的衢州城南隅之"鲁儒坊"，虽其"庙故书楼，已非宝祐之旧"，然而经明初及明中期的修葺、拓展，家庙规制亦已接近菱湖家庙。明代名儒胡翰、洗马罗璟分别为之撰写了《孔氏家庙》、《重修孔氏家庙》碑记。

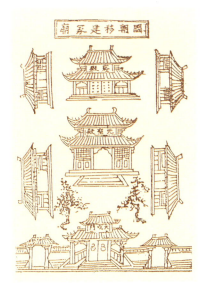

城南家庙图

(4) 新桥街家庙

明正德元年（1506），五十九世嫡长孙孔彦绳，复官世袭翰林院五经博士。后来，城南家庙日久颓敝，禋祀弗称。正德十五年（1520），翰林院五经博士、六十世嫡长孙孔承美，向巡按监察御史唐凤仪提出迁建家庙于今新桥街西安县学旧址的请求。唐凤仪与浙江左布政使何天衢等十五名官员具疏奏请，明武宗立即允准，降旨曰："御史之言是。惟圣人之道以为治也，家庙之设所以隆道也，报功崇祀先王所以化天下也，其何以靳！尔御史其亟行之，毋怠！"于是，拨给库银，由衢州同知陆钟、通判曾伦、推官杨文昇及所属五县

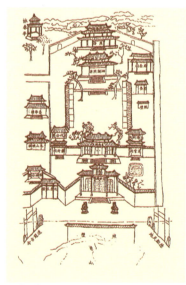

明《诏建衢州孔氏家庙碑》图

知县督造，于正德十六年（1521）建成家庙和博士署，基本上保留了宋敕建家庙的规制。顾命大臣谢迁为之撰《新建家庙记》，刑部主事方豪、广东副使徐文溥亦各作碑记。

新桥街家庙，历经明万历，以及清顺治、康熙、雍正、乾隆等至道光年间的修葺、改建，才形成如今定型的家庙。知府谭端东等为之撰写了《重修至圣家

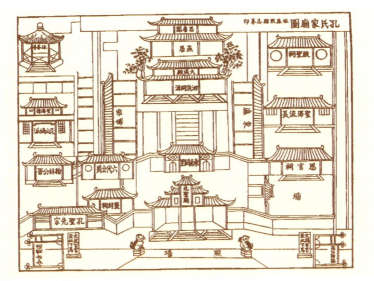

清康熙孔氏家庙图

庙记》。

[叁]南孔家庙祀典沿革

祭祀孔子，在我国古代视为国之大典。

由于社会的变化、发展和对儒家思想的日益尊崇，大凡改朝换代，统治者无不制礼作乐，其仪注、礼器，乃至冕服、乐舞，均因古礼而损益之，即今所说的继承和发展，或与时俱进。

孔子逝世的次年（前478），鲁国君主将孔子生前居住的三间房子改为孔子的祀庙，于是便有了孔子子孙的岁时家祭，又有了孔子弟子及"鲁人"的公祭。自汉高祖刘邦亲自到山东曲阜阙里以太牢祭奠孔子，并封孔子的九世孙孔腾为奉祀君始，祭奠圣祖就名正言顺地成为孔子嫡长孙的主要职责。汉武帝的"罢黜百家，独尊儒术"，使儒学从先秦的"显学"登上了统治中国思想的舞台，祭孔便开始成为国家行为。据《阙里志》载："（东汉）灵帝建宁二年（169），祀孔子，依社稷。"祭孔即已升格为大祀，与祭天地之祀相等，是国家最隆重的祭祀典礼。此后，祭孔的规格虽有多次修改，但在整个封建社会阶段，并未改变其损少益多的趋势。同时，在祭祀活动中，还吸收了不少外来佛教和本土道家的文化。

孔子家族的祀祖仪注亦与之同步。每年由仲秋上丁祭祖增加为春秋二仲上丁祭祖。西晋泰始三年（267），武帝下诏"太学及鲁国，四时备三牲以祀孔子"。东晋太宁三年（325），明帝下诏"给奉圣亭侯孔嶷四时祠孔子祭，宜如泰始故事"。于是，孔氏家庙就有了春夏秋冬四仲月上旬第一个丁日的家祭。经南北朝、隋唐、五代的不断增益，至北宋时已逐渐形成了以"四大丁祭"为主的一整套家祭仪注。

北宋建立之初的建隆元年（960），《宋会要》载，"加饰祠宇及塑绘先圣、先贤、先儒之像"，祭祀用永安之乐。考《古今图书集成礼仪典·先圣先师祀典部》，"古者祭必有尸，后世设像以代尸"，此即为以塑像代尸之始。北宋真宗赵恒于大中祥符元年（1008）躬临曲阜，以文宣公孔圣祐为奉礼郎拜祭陵、庙，加谥孔子为"玄圣文宣王"，追封叔梁纥（孔子父亲）为齐国公，颜氏（孔子母亲）为鲁国夫人，亓官氏为郓国夫人。此后，真宗又"颁释奠仪注及祭器"，"赐文宣公家祭冕服、行宫材修葺庙宇"等。北宋崇宁三年（1104），徽宗下诏，"殿名大成，增文宣王冕为十有二旒"；大观三年（1109），颁布"释奠祭图"，并敕准孔子四十八世嫡长孙、衍圣公孔端友的奏请，于族生和县学生中选拔乐生，"咸使肄习"。礼生则按太常旧制，俱划入乐生之中。家庙祭祀，从此便有了受过专业训练的礼生和乐生。此时的孔氏家庙祭祀，已称大备。

南宋时，偏安江南的统治者尊崇孔子及其开创的儒家学说有增无减。南宋绍兴六年（1136），高宗诏孔子四十九世嫡长孙、南渡衍圣公孔玠及其族属，"暂居衢学揭虔"；绍兴八年（1138），赐衢州田五顷，供祀事；绍兴十年（1140），"复释奠文宣王为大祀"；绍兴十四年（1144），"诏，州县文臣初之官，诣学祗谒先圣，乃许视事"，"后遂著为令（典）"；绍兴十五年（1145），"诏，自今太学及州县释奠先圣，并令宗子侍祠"；绍兴二十六年（1156），高宗亲制并书《宣圣及七十二弟子赞》，命勒之于石，等等。

从元初到清末，基本沿袭宋代确定的祭祀格局而又不断有增益。

元中统、至元年间（1260—1294），元世祖忽必烈定春秋二仲上丁释奠孔子，执事官员各按品序身着公服陪位，诸儒依襕衫戴唐巾行礼的制度。元成宗铁穆耳继宋高宗之后，亦制定了乡官到任，先拜

谒先圣庙，然后才可依次祗谒其他神庙的法令。

明洪武二年（1369），太祖朱元璋定春秋仲月上丁日，以太牢并降香释奠孔子，行香之礼始于此；洪武十五年（1382），颁布释奠孔子仪制，强调孔子是"百世帝王师"，"于先师之礼，宜加尊重"；洪武二十六年（1393），又颁大成乐器、释奠规格与"祀帝王同"。明成化十二年（1476），"增乐舞为八佾，笾豆各十二"。

封建末世的清代，对孔子尤为尊崇。从康熙至宣统，九代皇帝先后为孔庙大成殿题写匾额，依次为："万世师表"、"生民未有"、"与天地参"、"圣集大成"、"圣协时中"、"德齐帱载"、"圣神天纵"、"斯文在兹"、"中和位育"。清顺治元年（1644），制定夏历每月初一为释菜、十五日为行香的制度。清乾隆八年（1743），又制定丁祭乐章颁行天下；此后，乾隆皇帝八次到阙里释奠孔子。至清光绪三十二年（1906）的国祭，祭孔祀典达到顶峰。

清康熙所题匾额

清雍正所题匾额

　　孙中山领导的辛亥革命，彻底推翻了两千余年的封建君主制度。民国政府虽明令全国祭孔，但在礼仪和程序上删减了先前的繁文缛节，对祭祀仪注做了很大的改变。比如，从午夜子时开祭改为早晨七时开祭，献爵献胙改为献花圈，乐舞改为唱国歌、纪念歌，跪拜改为三鞠躬，古典祭服改为长袍马褂，等等。

二、衢州南孔祭典的主要种类和仪式

衢州孔氏家庙的祭祀，始于南宋初年衍圣公孔端友和族长孔传之时。主要有四大丁祭、四中丁祭、诞辰日祭、忌日祭、八小祭、朔望拜庙、袭爵告庙、乡官谒庙、家庙落成典礼等。寓居衢州的南渡孔子嫡裔迁建家庙、修葺家庙不辍，祀祖亦未尝有所懈怠，代代延续，历久弥新。

二、衢州南孔祭典的主要种类和仪式

衢州孔氏家庙的祭祀，始于南宋初年衍圣公孔端友和族长孔传之时。孔端友是北宋曲阜孔庙的最后一位主鬯（读chàng，意为主掌宗庙祭祀）人，对祭祀仪注的完备做出过历史性的贡献。孔传则是北宋曲阜家庙的最后一位主祭。在南宋王朝尊孔崇儒的大背景下，他们谙熟祭祖仪注，翔实记述历代衍圣公祀祖的典礼，让长期处于战乱中的曲阜孔氏也难以企及。元初，五十三世嫡长孙孔洙德让衍圣公之爵位于曲阜宗弟后，虽立世艰难，但寓居衢州的南渡孔子嫡裔仍迁建家庙、修葺家庙不辍，祀祖亦未尝有所懈怠，且能使元、明、清乃至民国统治者的祭孔理念与之接轨，诚可谓代代延续，经久不衰。

[壹]主要种类

1. 四大丁祭

四大丁祭，古称"祠禴尝烝"（祠：春祭；禴：夏祭；尝：秋祭；烝：冬祭），是家祭中最隆重的祭祀。南宋、元代时都为夏历春秋二仲上丁祭祀。明、清两代曾恢复春夏秋冬四仲上丁祭祀的制度，也有维持春秋二仲上丁祭祀的。但无论是二仲还是四仲上丁祭祀，都以秋祭为主。

2. 四中丁祭

四中丁祭是四大丁祭后形成的家庙典礼。曲阜孔庙夏历春夏秋冬四仲上丁祭祀,是在大成殿、杏坛举行的公祭,除皇帝或钦差大臣主祭之外,往往也有乡官参与其中。因为四大丁祭中家庙及家祭都没有涉及,于是产生了孔氏宗族内部的四中丁祭。四中丁祭在孔庙内的家庙举行,祭祀对象均为孔氏先祖。四大丁祭在春夏秋冬四仲上旬丁日举行,四中丁祭则在春夏秋冬四仲中旬丁日举行。南渡衍圣公沿袭这一传统的家祭,有所不同的是:祭祀仍在大成殿及佾台举行,改释奠为释菜之礼,以芹藻祀祭,衍圣公或族长(明代正德之后是翰林院五经博士或族长)率近支族众行三跪九叩礼。

3. 诞辰日祭、忌日祭

夏历(古代汉族历法之一)八月二十七(阳历9月28日),是孔子的诞辰日。诞辰日祭的规格与四大丁祭相同,为释奠礼。民国时期,随着丁祭逐渐减少,规格逐渐降低,诞辰日祭便成为衢州孔氏家庙最大的祭典。其主要变化在于,由先前的以家祭为主,逐渐演变为以公祭为主,甚至演变为以南京国民政府派遣大员参与的国祭。祭仪也有了较大的改变,"鸣赞"改为"司仪"。祭祀典礼由击鼓、鸣钟开始,然后是:①全体肃立;②奏乐;③唱国歌;④献花;⑤读祝文;⑥行三鞠躬礼;⑦朗诵《论语》章句;⑧行一鞠躬礼;⑨礼成,摄影。

夏历四月十一，是孔子的忌日。在这一天，孔子嫡长裔孙及孔氏家族都哀悼圣祖辞世。衢州衍圣公府及后来的五经博士署，全体成员吃斋一天，并在大成殿行释菜礼。

4. 八小祭

夏历清明节、端午节、六月初一、中秋节、重阳节、十月初一、腊八、除夕，共八次祭祀先祖。其祭祀规格为释菜礼，无乐无舞，规模限于孔子嫡长孙一家及居住在城区的族人代表。

5. 朔望拜庙

夏历每月初一（朔日）、十五（望日）行跪拜先祖之礼，不设供品。南宋、元初让爵前，为衍圣公行跪拜先祖之礼，后为孔子嫡长孙或族长率领本郡、邑孔氏诸生及家人，在大成殿、东庑、西庑及东西轴线诸祠逐一跪拜。明洪武二年（1369）以后，改为由族长或世袭翰林院五经博士率领本郡、邑孔氏诸生及家人行香、跪拜。该典礼延续至民国年间，行香、跪拜仅为孔府人员及衢庭族长。

6. 袭爵告庙

南宋孔端友之后的孔玠等五世衍圣公，明清时期的十三世翰林院五经博士，民国以来的两任大成至圣先师南宗奉祀官，在应袭之时和承袭之后，其告祭圣祖、先祖的典礼为袭爵告庙，属于"五礼"之中的"嘉礼"。

如果不包括南渡始祖孔端友，南宋衍圣公世袭爵位，始于南宋绍兴二年（1132）四十九世嫡长孙孔玠，至元代初年五十三世嫡长孙、衍圣公孔洙德让爵位于曲阜宗弟为止，有孔玠、孔搢、孔文远、孔万春、孔洙等五位。与金统治下的曲阜孔氏相比，他们更受南宋朝廷的眷顾，除孔玠以州学家庙草创而专主祀事外，其余衍圣公均兼领路或州府要职，故其袭爵告庙的典礼尤显隆重。袭爵前，衢州衍圣公府由族长领衔上奏朝廷，经尚书省、太常寺勘当，皇帝恩准并下诏，应袭衍圣公遂与族长率族至光远门外迎恩坊，迎接诏书至孔府。其庆典仪程，首先颁告本地族众及徙外宗支；然后择日在家庙祭告圣祖、先祖，行释奠礼；最后，衍圣公在孔府接受各宗支代表叩参及贺筵。

世袭翰林院五经博士，始于明正德元年（1506）五十九世嫡长孙孔彦绳，止于民国初年七十三世嫡长孙孔庆仪，改翰林院五经博士为大成至圣先师南宗奉祀官。除六十四世嫡长孙孔尚乾、六十九世嫡长孙孔继涛未袭而卒外，计有孔彦绳、孔承美、孔弘章、孔闻音、孔贞运、孔衍祯、孔兴燫、孔毓垣、孔传锦、孔广杓、孔昭烜、孔宪坤、孔庆仪等十三位。世袭大成至圣先师南宗奉祀官自孔庆仪始，后有七十四世嫡长孙孔繁豪、七十五世嫡长孙孔祥楷等二位。袭封前，明代为族长及族中长老具表，由郡守奏请，皇帝恩准，而后奉旨入觐，授封。袭爵还衢，择日在大成殿行释菜礼，在东西两庑、崇圣祠、六代公爵祠、袭封祠则为行香。清代改为由曲阜衍圣公府转奏朝廷，皇帝允准降旨，而后择日告庙如前。民国时期则由民国政府行政院下令明确袭封之职。

大成至圣先师南宗奉祀官袭职告庙，典礼改革略同于诞辰日祭。

7. 乡官谒庙

宋、元两代均诏令，乡官初次到任都要先到学庙拜谒孔子，然后才能主持政务。南宋时期，衢州州学大成殿为孔氏宗子的南渡家庙，衢州及其府治所在的西安县的行政长官到任，无一例外都先到家庙拜谒孔子。州学家庙时期如此，菱湖家庙、城南家庙的规制则高于州县学宫中的孔庙，且有孔氏大宗之嫡裔世代相守，是到任的州县长官依例谒拜孔子、向圣裔学习并切磋礼仪的地方。至明、清两代，这已成为州县长官莅职前不可或缺的传统礼节。

郡守、邑令等谒庙，南宋时由衍圣公引领，衍圣公仕外时则由族长引领。元代及明代前期，则由衍圣公的嫡长子孙或族长陪同。明代后期至清代末期，均为世袭翰林院五经博士陪同，在家庙大成殿行释菜礼，然后瞻仰"孔子及亓官夫人楷木像"。

不只是莅任衢州的乡官，还有钦差或路省诸官按衢，以及皇室宗亲、名臣硕儒途经衢州，也无不到家庙拜谒，行谒庙之礼。

8. 家庙落成典礼

南渡家庙三次迁建，菱湖家庙、新桥街家庙为宋、明皇帝敕建，皆为国事。

南宋菱湖家庙、明新桥街家庙落成之时的祭祀，为公祭。南宋宝祐二年（1254）夏历二月初一，菱湖家庙落成。五十三世嫡长孙、衍圣公、衢州通判孔洙，主持释菜祭仪；衢州知州孙子秀，主讲《论语》"上律天时"章句；族长孔璋引领孔氏族人、州县属官、诸生等，悉数与祭。典礼后，宋理宗应孔氏之请为家庙题写庙额，南宋宗室、礼部尚书赵汝腾撰写碑记。

明正德十六年（1521）夏历三月十二，新桥街家庙落成。六十世嫡长孙、翰林院五经博士孔承美主持祭仪。浙江布政司右参议祝銮，率领衢州府同知陆钟、通判鲁伦、推官杨文昇等，以少牢（猪和羊）释奠孔子，并诵读祭文："惟兹新庙，宪臣是经，有司是营。……乃拜稽首，乃告于神灵，期于永妥，以庇我人，实为无疆之休。歆哉！"孔承美率衢庭长者孔祺、孔说拜跪如仪，并颂子孙祭文："大明正德十六年岁次辛巳三月癸丑朔，越十二日甲子，衢裔孙祺、说泊翰林院五经博士承美等，谨以牢醴庶羞之仪，敢昭告于圣祖大成至圣文宣王曰：'仰惟圣祖，太极合德；雷霆斯文，万世之泽；新庙告成，神其默祐；昌大我宗，毋忝圣胄。尚飨！'"参加祀典的还有府属五县知县、社会贤达、徙外宗支族长等。

唯城南家庙在宋元易代之际，乃衍圣公孔洙及孔氏族人所建，其殿宇、书楼自然无法与菱湖家庙、新桥街家庙比肩。该庙落成之日，五十三世嫡长孙孔洙及族祖孔应得、孔应祥等率孔氏一族，以少牢释奠圣祖。这次祭祀，纯属家祭。

家庙的历次修葺，孔府都举行祭典，只是规格低于迁建时的家庙落成典礼，一般都是行释菜礼。

[贰]仪制

1. 正献官、分献官

衢州孔氏家庙祭祀时，大成殿的主祭为正献官。从南宋至清代，均由南渡衍圣公孔端友的历代宗子担任，即：南宋时的六代衍圣公；元代及明代前期为衍圣公孔洙的嫡长子孙；明代后期至清代为世袭翰林院五经博士。如果宗子仕外，正献官则由族长担任。考诸方志、家乘，南渡衢州的孔氏以仕宦、游学先后徙居异地。延至元初，衢州只留下大宗一脉，及叔父孔传南渡的孔端问、孔端已之主支。因此，孔庭族长继孔传之后，皆由端问、端已的后裔担任，且"以贤而不以长"，都是才德兼备的闻人达士。

大成殿前的东西两庑及先后建成的崇圣祠、恩官祠、六代公爵祠、袭封祠、五支祠等处的主祭为分献官。恩官祠、六代公爵祠、袭封祠的分献官，仍由大宗中的闻达者担任。唯分献恩官祠者，倘为命官，则着常服分献，意为"以孔氏之情谢恩官之德"。崇圣祠，原则上由族长担任分献官。五支祠，则由端问或端已后裔中的"孔氏之彦"担任分献官。

2. 乐生、礼生

北宋徽宗赵佶即位之前,孔氏家庙释奠圣祖时没有专业的乐生和礼生。孔传的《东家杂记·历代崇奉》云:"政和四年(1114),承事郎、袭封衍圣公孔端友'乞依诸路颁降《大晟新乐》,许内外族人及县学生咸使肄习,以备释奠、家祭使用'。二十七日奉旨'依所乞'。"清代孔尚任的《圣门乐志》亦录其事,称"此乐生所由始也"。按太常旧制,礼生亦划入乐生中。时至明洪武七年(1374),太

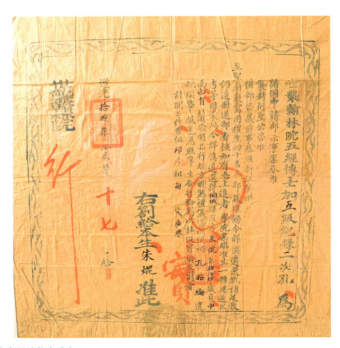

清道光年间的礼生聘书

祖朱元璋允准家庙专设礼生,钦定为六十名,于郡县儒童中挑选,专习礼仪,遇祭祀充当赞相,此为专业礼生之始。

乐生是释奠圣祖时表演乐舞者,礼生则是祀典中传赞、通赞、洗罍等之执事。衢州孔氏家庙在六代公爵以及让爵失封时期的乐生,因档案散佚,尚待钩沉。据现存档案及史料,清乾隆年间,衢州翰林公署设乐生三十六名、礼生四十名。至清末,尚有乐生三十二名、礼生二十名。上述生员,照南宋旧例,除在本府邑族人中挑选外,还从徽州等地族人中选补。如有不敷,则从本府儒童中遴选补充。又在翰林公署内专设司仪二名、司乐二名。司仪管理礼生及祭器、祭品。司乐掌管乐生、乐器及肄习乐舞。

3. 礼器、乐器

礼器为祭祀所用的器具。南宋皇帝御赐的礼器,在宋元易代,家庙毁于兵燹时丧失殆尽,已无从查考。按宋、元、明代朝廷颁降的释奠祭器而购置、制作的,历经浩劫,亦旋置旋失。

考诸《孔氏南宗考略》、《衢州孔氏南宗家庙志》,清代孔氏家庙祭器主要有:

盛酒浆器皿:爵、壶、尊、瓶、杯。

盛食品器皿:簠、簋、笾、勺、俎、登。

盛织物器皿:筐、篚。

还有香炉、烛擎、祝文版等。

礼器以铜、锡、铁铸造。

东汉元和二年（85），章帝刘炟过鲁，用六代之乐祭孔，此为孔氏家庙用乐之始。北宋政和六年（1116），继四十八世嫡长孙、衍圣公孔端友奏准设立乐生后，徽宗又赐正声大乐器一副。至此，祭祖才具备太常制度。孔端友等南渡衢州后，祭孔乐器，自宋迄清，均由皇帝钦定钦颁，配备齐全。

据考证《孔氏南宗考略》，清咸丰战乱后，衢州翰林院五经博士孔庆仪亦依式增置。计有：舞干并金龙首雉尾籥二十四副，琴四张，瑟二张，凤箫二排，箫四枝，笙四攒，笛四枝，篪二枝，埙二个，大楹鼓一面，红绫麾幡一首，祝一座，搏拊二面，敔一座，干二面，节二枝，

大成殿内的祭器和乐器

铜钟十六口,石磬十六悬。上述乐器,毁于日寇侵衢时。

清光绪末年,七十三世嫡长孙、翰林院五经博士孔庆仪,依式增置,使之完整。计有:铜爵五十二只,锡型十个,锡杓五个,锡簠二十二个,锡簋二十二个,锡笾四十四个,锡豆八十八个,锡尊十个,锡登十个,锡壶三个,锡尊三个,竹篚三个,木俎三架,铜炉十个,锡烛擎十一对,锡瓶一对,木帛盝十个,祝文版一座。至民国31年(1942),日寇侵衢,金属器皿被搜刮一空。

[叁]释奠仪章

衢州孔氏家庙祭祀仪式,以释奠最为隆重,释菜、行香等次之。举凡行释奠礼,其仪章为:

前二十日,衍圣公府或五经博士署发布告示,知会徙居外省、本省各宗支以及徙居本郡邑各乡镇孔氏,准备工作开始。

前十日,翰林公署的督理、典籍、司仪、司乐、掌书等各司其职。督理负总责,督查祭典一应事宜。典籍核定参祭礼生、乐生人数,缺者补之。司仪率领礼生演练鸣赞、引赞等礼仪。司乐按清雍正三年(1725)所颁规制检视丁祭乐器数量,并率领乐生按清乾隆八年(1743)所颁《丁祭乐章》演练乐舞、吟唱。又专设执事,组织家丁清扫庙庭,确保祭典环境洁净、优雅。

前五日,主祭官(五经博士)核定助祭及东西两庑、东西两轴线诸祠分献官和礼生,并且造册张榜。参祭官员、本地和外地参祭族人，亦由掌书登记造册。命人清洗尊、爵、筐、盨等祭器，呈送祭祀的香、帛入庙。

前三日午时，担任正献官的五经博士，着公服戒誓。然后，正献官、分献官沐浴更衣，至孔府大门。在吹打乐声中，由礼生、乐生簇拥，从家庙正门入庙斋宿习礼。习礼期间，由于家庙与孔府仅一墙之隔，且有小门可以进出，斋宿诸官因故可从小门出入，但绝不可通过家庙正门，这被称为"明进暗出"。在这一日，正献官、分献官，听乐生演奏《丁祭乐章》，观看乐生演练《丁祭乐舞》，使之臻于娴熟。

前日、前夜，释奠所需祭器、祭品都要安排就绪。首先是迎三牲（牛、羊、猪），迎粢盛（黍、稷、稻、麦、粱、苽、果、蔬）。然后，按规制在大成殿、东西两庑、东西轴线诸祠神座供案上，陈设祭器、香烛。至申时（下午三时至五时），正献官、分献官"省牲"，省察宰人、庖人制作三牲祭品。礼生则按规制把祭品供于殿、庑、祠的供案上，同时将粢盛、盘馔供于殿、庑、祠的供案上，并由掌馔者一一点视。至酉时（下午五时至七时），诸官才回斋所小憩，而后按规制着装，集合等待。

子时（下午二十三时至次日一时），释奠在家庙大成殿、佾台隆重举行。钟鼓三鸣其声，鸣赞报："子时已到！执事礼生在大成殿、东西两庑、东西轴线诸祠点灯，燃烛，焚香。"钟鼓声中，正献官、分献官等依次进入佾台前丹墀下就位。参祭官员、诸生、族人亦依次入庙,在正献官、分献官后伫立。鸣赞立于大成殿殿陛之上,乐生则立于阶下。

主要仪程为:

迎神　乐奏《昭平之章》。正献官盥手,从东阶升堂,至圣祖、二世祖、三世祖神座前上香、三跪九叩首,从西阶下复位。与此同时,分献官亦分别至东西两庑、东西轴线诸祠神座前上香跪叩如仪。

三献礼　初献,乐奏《昭平之章》,乐生起舞。正献官盥手,从东阶上圣祖神座前,按仪奠帛、进爵、读祝文。而后按仪至二世祖、三世祖神座前奠帛、进爵如仪,亦从西阶下复位。亚献、终献依次行之,不同的是亚献乐奏《秩平之章》,终献乐奏《叙平之章》,有乐而无舞。此后,分献官盥手,分别至东西两庑、东西轴线诸祠神座前奠帛、进爵如仪。

撤馔礼　乐奏《懿平之章》,无舞。正献官从东阶上,在神座前跪饮福酒、受胙肉,而后一跪三叩首,从西阶下复位。与此同时,分献官亦分别至东西两庑、东西轴线诸祠神座前饮福酒、受胙肉如仪。最后,执事礼生撤馔,正献官率众三跪九叩首。

送神　乐奏《德平之章》,正献官、分献官乃望瘗,恭捧祝、帛诣燎坛焚之,然后复位,率众三跪九叩首,礼毕。

上述仪程中,正献官、分献官的祭奠皆由礼生唱引。参祭的宗族成员也要饮福酒、受胙肉。

[肆]当代衢州南孔祭典仪程举例

2004年至2015年，衢州已举行了十次纪念孔子诞辰的祭祀典礼。每五年中，有一年是"社会各界公祭"，参祭人员范围大，而且尽可能邀请各地人员参加祭祀，周边各省已都邀请过；有两年是"祭孔大典暨文化节"，实际上，"祭孔大典暨文化节"亦是"社会各界公祭"，只是主祭者、参祭人员和邀请对象有所不同；还有两年是"学祭"。用这三种方式轮流交替祭祀孔子，使祭祀活动不局限于一种形式，并能让更多阶层的代表参与祭祀孔子的活动，更加有利于传统思想的传播与普及，使衢州的祭孔活动更有持续性。

祭祀典礼中有主祭人诵读《祭孔子文》这一内容，2004年和2005年的《祭孔子文》成为孔氏南宗祭祀孔子的固定范本。"社会各界公祭"与"学祭"时，因参祭人员不同，《祭孔子文》的内容有所区别。在"社会各界公祭"时，用2004年版本，根据当年的具体情况，略微修改即可；"学祭"时，用2005年版本，也根据当年的具体情况，略微修改即可。这两篇《祭孔子文》都是诗人崔铭先创作的。

无论是"社会各界公祭"还是"学祭"，祭祀的形式都大同小异，但内容却不雷同。因此，每年的祭祀典礼既有固定模式，又有与时俱进的创新性。

1. 社会各界公祭

"社会各界公祭"的内容每年都有变化。

2004年的"社会各界公祭",当时的新闻媒体这样报道:

　　2004年9月28日,是中华民族的先哲孔子诞辰2555周年纪念日。这一天,衢州市举行了新中国成立以来的首次祭孔大典。位于衢州新桥街北侧的孔氏南宗家庙大成殿前松柏青翠的庭院里,铺起了红地毯。衢州市党政首长,衢州所属江山、衢江、柯城、龙游、常山、开化6县(市、区)首长和衢州社会各界代表,以及来自美国,韩国,新加坡,中国香港、广东、广西、湖南、江西、山东、北京、南京、上海、杭州、宁波、台州等地的宾客和孔氏族人代表,八百余人济济一堂,在这里举行纪念孔子的祭祀典礼。

　　在中共衢州市委书记厉志海、衢州市代市长孙建国、衢州市人大常委会主任黄锡南、衢州市政协主席童效武,以及贵宾——著名导演谢晋,中国孔子基金会副会长刘蔚华、刘示范,中共浙江省委宣传部副部长徐令义,浙江省文化厅厅长杨建新,浙江省人大常委会原副主任孔祥有,浙江省政协原副主席陈文韶,孔氏北宗代表,《孔子世家谱》修纂委员会主任孔德墉,孔子七十五世嫡长孙孔祥楷,以及衢州市首任市长姚云,中共衢州市委原书记郭学焕,衢州市原市长王余良就位后,九时整,随着担任司仪的衢州市副市长高启华宣布"孔子诞辰2555周年祭祀典礼开始"和"奏乐",由衢州市人大常委会原主任金家福、巨化集团公司工会副主席徐楚炘、孔氏北宗代表孔德威、孔氏南宗代表孔祥云四位先生，撞响了大成殿里的铜钟，每隔五秒撞击一次。铜钟九响时，候在佾台两侧的十二位进香和献五谷的先生和女士，缓步鱼贯上佾台，进殿堂，恭恭敬敬地对着孔子塑像行三鞠躬礼，并将各自手中的香与五谷（稻谷、麦子、玉米、大豆、小米，以及从孔府花园树上采下来的香泡）敬献于孔子、孔鲤、孔伋的祭桌之上。十二位进香和献五谷的人士中有工人、农民、作家、新闻记者、劳动模范、大学教授、中学校长、小学校长、中学生、小学生，以及两位孔姓族人，其中一位是孔子七十六世嫡长孙孔令立。

全体参祭人员在司仪的号令下向孔子塑像三鞠躬后，由主祭、衢

2004年，主祭童效武诵读《祭孔子文》

州市政协主席童效武先生诵读《祭孔子文》，陪祭、孔子七十五世嫡长孙孔祥楷先生恭敬地肃立于主祭一旁。

诵毕《祭孔子文》，即由谢芳女士（著名电影艺术家，《舞台姐妹》的主演）、林中华先生（著名艺术家，大型音乐舞蹈史诗《东方红》的诗歌朗诵者）、石维坚先生（著名艺术家，《天云山传奇》主演）、余瑾女士（浙江人民广播电台播音员）分别朗诵《论语》章句。艺术家们字正腔圆、铿锵高亢、充满激情的朗诵，将肃立的人们带到了"昭昭仁德，穆穆诚信"与"修齐治平，中和有序"的崇高境界。

接着，在钢琴伴奏的《大同颂》合唱声里，身穿军装的领唱者马子跃先生（著名男低音歌唱家，北京战友文工团艺术指导）以浑厚的歌喉，和他的合唱团员一起，为半个世纪以来衢州的首次纪念孔子祭

2004年中国衢州国际孔子文化节开幕式

祀典礼画上了一个圆满的句号。

2004年的《祭孔子文》如下：

日月交耀，沧海桑田；岁次甲申，国泰民安；秋高气爽，先师华诞。我（衢州市政协主席童效武）谨代表衢州市各界暨孔氏南宗族人，奉香顶礼，五谷贡献，歌舞翩跹，至诚至虔，敬祭于衢州孔氏南宗家庙大成殿至圣先师灵前：

洪荒蛮夷，天下混沌；存赖以天，命制于人；

万木竞发，鲁林独尊；道孕尼山，振聩万民；

昭昭仁德，穆穆诚信；以仁治世，以德育人；

修齐治平，孝义衷亲；中和有序，公正为钧；

春风化雨，滋润万根；惟我先师，德昭苍生。

汉唐以降，奉祀为尊；素王之称，从古至今；

祖龙坑儒，百经被焚；鲁壁堂堂，师训幸存；

谆谆教诲，熠熠宏论；泽被帝宫，惠及黎民；

暴虐被诛，仁善长春；和衷共济，友爱人伦；

巍巍五岳，鼎立崇峻；惟我先师，教政以仁。

习习儒风,华夏灵魂;仁义礼信,万代不泯;

煌煌论语,世界遵循;我道不孤,四海有邻;

融融德法,滔滔河新;万众一心,和如瑟琴;

改革开放,跨越飞进;国泰民安,九州欢欣;

东方巨龙,驾雾腾云;惟我先师,道贯古今。

遥想当年,曲阜罹乱;孔氏大宗,扈跸南迁;

赐家寓衢,生息繁衍;兴建家庙,儒林风范;

莘莘学子,芸芸少年;叩谒圣像,参商共瞻;

筚路蓝缕,施教黾勉;弘道乡里,教化民间;

如林密密,似水涓涓;文化名城,赖为中坚。

东南阙里,嫡裔故乡;三衢葳蕤,儒风浩荡。

元元情怀,拳拳心香;祈灵大吉,伏惟尚飨。

　　2006年9月28日的"社会各界公祭",时任浙江省委副书记夏宝龙特来参加。浙江电视台现场实况转播。在祭祀典礼的同时,举办了"2006中国·衢州国际儒学论坛"。

　　2008年的"社会各界公祭",祭礼中增加了"主祭人上香、敬酒",以及衢州聋哑学校学生余献向孔子敬献自己精心刻制的大幅

2006年，时任浙江省委副书记夏宝龙参加衢州南孔祭典

孔子行教像。祭礼中所献花篮与往年略有不同，五只一米多高、直径半米的青竹大花篮内，各插有400枝黄灿灿的秋菊。每只大花篮由两位礼生抬着，分别由"2008中国·衢州国际儒学论坛"的代表，"2008浙台儒商文化研讨会"的代表，美国、喀麦隆、俄罗斯、韩国、日本、意大利等国12所孔子学院的代表，浙闽赣皖第五届民间艺术节的代表，以及衢州市社会各界的代表，依次敬献到大成殿正中孔子坐像前。

从2008年的祭祀典礼开始，每年邀请世界各国孔子学院的外方院长、教授，来衢州参加祭祀孔子的活动，已成惯例。此举对扩大衢

2009年衢州南孔祭典，时任中共浙江省委常委、副省长葛慧君任主祭

州和孔氏南宗在全世界的知名度大有裨益。《衢州晚报》从350名报名者中"海选"出60名各界市民参祭。

2009年的"社会各界公祭"，则由浙江省人民政府主办，国际儒学联合会、国家汉办和中国孔子基金会支持，衢州市人民政府、浙江省教育厅、浙江省文化厅承办。主祭人是时任中共浙江省委常委、副省长葛慧君女士；陪祭人是孔子七十五世嫡长孙孔祥楷。来自俄罗斯、菲律宾、哥斯达黎加、泰国、蒙古、新加坡、秘鲁等国的孔子学院院长、教授，浙江省十一个地市，黄山、南平、景德镇、上饶、抚州、鹰潭等"四省九地市"参祭团，上海音乐学院和《孔子颂》作曲比赛参祭团，浙江省教育系统参祭团，孔姓族人参祭团，巨化集团公司参祭团，新闻工作者参祭团，以及衢州市各界群众代表，近千人参加祭祀典礼。数百名市民在孔氏南宗家庙外广场观礼。晚会大合唱《东南阙里》，由上海音乐学院交响乐队伴奏。此次"社会各界公祭"，是衢州已经举行的十次祭祀典礼中规模最大、规格最高的一次。

2. 学祭

"学祭"的内容每年都有变化。

2005年的"学祭"由衢州市人民政府主办，参祭者是衢州本地的教育官员和师生代表。当时的新闻媒体这样报道：

2005年9月28日早晨，太阳刚刚升起，洒扫洁净的衢州孔氏南宗家庙正门外广场，显得格外清爽、格外空旷。飘浮在空中的十个红色大气球上，悬挂着"子曰　知者不惑　仁者不忧　勇者不惧"、"子曰　德不孤　必有邻"等十条黄绫蓝字巨幅《论语》章句，在蓝天白云的映衬下显得特别醒目。红墙黛瓦、巍峨庄严的孔氏南宗家庙，古柏翠盖，绿茵红毡，密如繁星的金色门钉，反射着耀眼的阳光。

7点17分，中央电视台新闻中心节目主持人武岳女士在衢州孔氏南宗家庙大门前的广场上出镜亮相。对着全世界的电视观众，武岳女士娓娓介绍："我现在所在的位置，就是衢州孔氏家庙正门前，这个家庙位于衢州市的中心。今天上午8点，衢州祭祀孔子的活动将在这里面举行。现在可以看到，前来祭祀的人们正在陆陆续续走进大门。为了这次祭祀，家庙也装饰一新，门口铺上了红地毯，一直通向所有的祭祀场所。大家可以看到，家庙正门的左右墙上，专门悬挂了两面横幅，写着：有朋自远方来，不亦乐乎。这是《论语》的著名章句。也正像这句话所说的，今天早上7点，这个家庙的庙门正式打开，迎接祭祀的人们。孔氏家庙的庙门是很讲究的，一年只有在9月28日这一天才打开。平常人们只能走旁边的侧门进入，所以说孔氏家庙正门的开启，也就意味着这一年一次的祭孔活动将要开始了。"

接着，武岳女士以精练、概括的话语，介绍了"自唐开元后，郡邑皆立孔子庙……而为孔氏之家庙者，遍行天下，惟曲阜与衢州耳"，

2005年"学祭"现场

以及孔氏南宗家庙的八百七十余年历史，并向全世界的电视观众介绍了1944年时年仅6岁，由国民政府核准承袭大成至圣先师南宗奉祀官的孔子七十五世嫡长孙孔祥楷先生。

8点整，随着家庙大成殿钟声和乐曲响起，衢州市七百余位新上岗的教师汇集在家庙大成殿前，举行纪念孔子诞辰2556周年学祭典礼。

衢州市人民政府举办的"纪念孔子诞辰2556周年学祭典礼"，是中央电视台今天从早晨7点钟开播、持续3个多小时的"2005年联合祭孔直播特别报道"的一个重要组成部分。

所谓"学祭"，即由今年新上岗的青年教师为参祭主体，祭祀

我国伟大的思想家、教育家和儒家学说的创始人孔子，以承传孔子教育思想之精华，这也是青年教师从事教师职业的第一课。"学祭"是衢州市继去年"社会各界公祭"之后，"当代人祭祀孔子"的又一特色。

衢州市于去年9月28日恢复祭孔活动，即以"当代人祭祀孔子"为定位原则。所谓"当代人祭祀孔子"，就是以当代人的方式祭祀孔子，体现时代特色，弘扬孔子精神。参祭者都穿着现代的正装。祭祀的仪式也简化了很多，不仿古、不复古，改"献三牲"为"献五谷"、改八佾舞为朗诵《论语》章句等。孔子是读书人的老祖宗，今年是"学祭"，特地在祭品中增加了文房四宝，并发给每位参祭者银质"大同篇"胸章；参祭者佩戴的黄绫胸标上，绣上一句或两句各不相同的《论语》语录，与特制的金色红底孔子像章相配；嘉宾则佩戴以家庙中古柏翠枝与银杏黄叶缀成的胸花。所有这些，都别具一格，不同凡响。

"学祭"分"祭礼"和"颂礼"两部分。"祭礼"以主祭人、衢州市人民政府副市长高启华诵读《祭孔子文》为主，并分别由教师、学生朗诵《论语》章句，进香、献五谷等。"颂礼"由巨化工人合唱团合唱《大哉孔子》，全体参祭者同声高唱《大同颂》。10点20分，中央电视台"2005年联合祭孔直播特别报道"，以"衢州祭孔点"七百余名教师合唱《大同颂》，告以"礼成"。

中央电视台当天午间新闻和晚7点的新闻联播，都播出了"衢州祭孔点"十名红衣儿童背诵《论语》章句、高启华副市长诵读《祭孔子文》、全体参祭人员同声高唱《大同颂》的片段镜头。

中央电视台新闻中心"2005年联合祭孔直播特别报道"节目的直播点有5个：山东曲阜、浙江衢州、上海嘉定、甘肃武威、云南建水，插播点为香港、台湾地区和首尔、科隆、旧金山。

中央电视台新闻中心早在8月下旬就派出马永俊、朱兴建、神浩三位采编人员到孔氏南宗家庙进行了为期十天的全方位采访，完成了5部3分钟的短片。9月初，著名编导、高级编辑叶晓林一行四人专程来衢州了解和衔接"先遣部队"的工作情况。9月21日，副制片人刘少博率编导马永俊、主持人武岳组成的"直播组"来衢州，在衢州广电总台编导、技术人员全力以赴的配合下，夜以继日地安排计划，制作方案，研讨细节，撰写提纲，以确保9月28日的直播节目万无一失。据统计，为了搞好衢州祭孔点的直播，中央电视台新闻中心共派出11人次，在衢州花去了（晚上未计）65个工作日！中央电视台编导和采编人员孜孜不倦的工作和敬业精神，令人敬佩。中央电视台28日直播当天，浙江电视台的卫星车也被调到了衢州。由此可见，此次衢州纪念孔子诞辰2556周年学祭典礼，也是衢州有史以来的一次"电视盛会"，是衢州走向全国，走向世界跨出的最大一步。

2005年的《祭孔子文》如下：

日月轮仁兮星转斗移，
至圣先师兮万代不替；
金秋五彩兮风物相宜，
莘莘学子兮沐浴恭祭。

遥想华夏之初兮洪荒蛮夷，
芸芸耕牧渔樵兮众心不一；
发端治世之术兮学说济济，

2005年"学祭"现场，孩子们诵读《论语》章句

承袭三皇旧礼兮林木丛立；
惟先师出东鲁兮光耀天地，
掌儒林之大纛兮雄傲四极。

倡仁义礼智之心兮儒林飘扬旌旗，
教文行忠信之行兮竖子远离痴迷；
华夏由之而文明兮万方仰慕，
大中平和倡国运兮与天同齐。

先师弘道兮辗转万里，
驱车列国兮颠沛流离；
儒风浩荡兮吹拂四隅，
杏坛巍峨兮固根奠基。

倡我有教无类兮勿问显贵黔首，
行我诲人不倦兮学子见贤思齐；
志于道兮据于德，
依于仁兮游于艺；
修身以成君子兮勿忘苦其心志，
齐家以求治国兮诸端行之以礼。

开国家黉序之首兮，

弟子三千桃李成蹊；

树万民同心之本兮，

德才兼备代代相继。

惟我先师兮心系大同，

惟我先师兮教我庶黎，

惟我先师兮德育世界，

惟我先师兮道播天地。

巍巍岱岳兮滔滔河济，

洋洋洙泗兮坦坦阙里；

三衢师生兮沐浴致祭，

虔虔我心兮祈灵大吉！

——伏惟尚飨！

　　2007年的"学祭"由浙江省教育厅与衢州市人民政府合办，并由浙江省教育厅主祭，参祭者除了衢州市的教育官员、师生代表外，还有浙江省各地市教育界的代表。其中有各兄弟地市分管文教的副市长，教育局局长，重点中学的一位校长、一位老师和一名学生。《都市快报》组织了杭州市的二十五位老教师来衢州参祭。此外，参祭者还有德国慕尼黑大学的白瑞斯教授夫妇，浙江大学五名来自澳大利亚、西班牙、立陶宛和阿尔及利亚的留学生。

2007年"学祭"前一天晚上举办的纪念晚会，在衢州学院会议大厅拉开帷幕。金华二中师生民乐乐团登台演奏《大同颂》，技艺娴熟，旋律悠扬。衢州一中、衢州二中、衢州中专、衢州高级中学的师生，分别演出了以《论语》中的某一思想为主题，紧密联系校园生活，自编自导的《仁》、《送饭》、《面试》、《上学去》等校园短剧，形式新颖，情节感人。衢州学院艺术系一百二十八名大学生合唱《东南阙里》，阵容壮观，气势恢宏。为翌日上午在孔氏南宗家庙举行的纪念孔子诞辰2558周年祭祀典礼做了有声有色的铺垫。

2013年的"学祭"，主题是"推动现代职业教育"，衢州全市各类职业院校都有代表参加，而且突出孔子的六艺教育，对推动当代职业教育、强调职业教育对国家建设的重要性，起到了很好的宣传效果，收到了很好的社会效益。

"学祭"时，除了每年都参加的孔府少儿读经班的小朋友朗诵《论语》章句和《大同颂》之外，还有衢州聋哑学校的小朋友用手语"诵读"《论语》章句和《大同颂》。听到孩子们吃力地发出咿呀之声，看到孩子们端庄而虔诚的表情与手势，全体参祭人员无不为之动容。

3. 祭祀程式

"衢州南孔祭典"分别于2005年、2011年成为浙江省与国家级非物质文化遗产。其祭祀已形成了一定的程式,整个祭祀过程40分钟。其程序如下:

纪念孔子诞辰XXXX周年祭祀典礼仪程

开始

第一章　祭礼

祭礼第一　　奏乐　敬香　献五谷(钟、鼓、磬、编钟齐鸣)

祭礼第二　　向孔子像行鞠躬礼　一鞠躬　再鞠躬　三鞠躬

祭礼第三　　向孔子像敬献花篮

祭礼第四　　主祭人、陪祭人进位

祭礼第五　　主祭人敬香　敬酒

祭礼第六　　主祭人诵《祭孔子文》

祭礼第七　　主祭人、陪祭人复位

第二章　颂礼

颂礼第一　　朗诵《论语》章句

颂礼第二　　全体唱《大同颂》

纪念孔子诞辰XXXX周年祭祀典礼礼成

尽管祭祀典礼的程式固定，但其内容每年都有微调。以朗诵《论语》章句为例，2004年邀请著名表演艺术家谢芳、林中华、石维坚等；2006年邀请上海电影译制片厂配音"黄金搭档"乔榛与丁建华；此后又邀请过央视"国宝档案"主持人任志宏。

4. 邀请国外孔子学院代表参加

说起邀请国外孔子学院代表参加衢州祭祀孔子诞辰的典礼，要讲到时任浙江省省长吕祖善2007年11月的一次视察。其间，吕祖善省长听取了孔祥楷关于祭祀典礼的汇报后说："老孔，我给你们出个主意。你们每年邀请世界各国十来所孔子学院院长参加你们的纪念典礼，你们的知名度不就走向国际了吗？"见孔祥楷面有难色，他又接着说："这是有意义的。这点费用由省财政厅给你们好了。"

2010年，德国鲁尔都市孔子学院院长Anja Senz在衢州南孔祭典现场朗诵《论语》章句

吕祖善省长的这个主意，对衢州祭孔来说，不啻是一个福音。通过多方请示、联络，终于在2008年第一次请来首批国外孔子学院的领导。自此每

2011年，韩国国立忠南大学校长在衢州南孔祭典现场朗诵《论语》章句

国外孔子学院的代表在衢州南孔祭典仪式上敬献花篮

年有国外孔子学院的院长、教授参加祭祀活动，每年选出一两位外国人与两名衢州市民一起，轮流朗诵《论语》章句。入选的外国朋友，认真地在诵读稿上用他们的母语，或用汉语拼音注上音标，反复练习。2008年，德国慕尼黑孔子学院女院长诵读《论语》章句。她个子高挑，戴一副金丝边眼镜，穿一身绿色的欧式裙装，用德语的音色和生硬的汉语，带着虔诚的心情诵读，非常出彩。六年来，共有四十一个国家的孔子学院的一百四十六位客人，到衢州来参加纪念孔子诞辰的祭祀活动。

国外孔子学院的院长、教授在衢州只停留三天，除了参加祭祀典礼，还安排他们到中小学校参观，与学生进行面对面的交流，了解衢州的学校教育。促成了韩国国立忠南大学与衢州学院、衢州二中分别建立"友好学校"，此外还促成了衢州日报社与韩国大田日报社的友好交流。由邀请国外孔子学院的朋友们参加纪念孔子诞辰祭祀典礼所引发的"外国人看衢州"，竟取得了意想不到的效果。

5. 祭祀仪式的辅助活动

纪念孔子诞辰的祭祀典礼，作为祭祀的举办者来说，当然有弘扬传统文化的考量。但祭祀典礼一年只举办一次，弘扬传统文化，还需要平时多做工作。孔氏南宗家庙管理委员会（简称"孔管会"）在以下三个方面做了大量工作。

(1) 在市教育局的支持下，开展"儒学进校园"活动

①在2004年成立了"少儿读经班"。选择小学三四年级的学生在孔氏南宗家庙里参加费用全免的"少儿读经班"。读经班共有三个班，每周周日下午上课一小时。由孔管会工作人员或小学老师领读，学生跟诵，只背诵不解释，给小学生以《论语》的启蒙。

②在常山县新桥小学和衢江区樟潭小学用《论语》配备两个班级的课外辅导教材，定期派孔子学术研究会的青年教师进行辅导。

③与衢州广播频道合作，开辟"空中《论语》课堂"。

④委托广播电台和教育局，开展"小学生学《论语》讲故事"、"初中生学《论语》演讲"和"高中生学《论语》辩论比赛"，每年都举办。

在小学生学《论语》讲故事比赛中，老师会把《论语》中的某一章句，比如"己所不欲，勿施于人"，给小学生讲解明白；学生们根据自己对这一《论语》章句的理解，讲自己的认识，并从自己的生活中举出相

小学生学《论语》讲故事比赛现场

高中生《论语》学习辩论大赛预赛现场

关的例子；再由老师或家长将学生的认识编成一个故事。这一活动，通过团市委布置到各县（市、区）团组织，再发动各小学报名参加，经过初赛、复赛，最后到市里参加决赛。

　　相比于小学生的讲故事比赛，初中生的演讲比赛难度稍大。首先公布20条《论语》章句，由参赛的学生在老师的辅导下做准备，如章句的解释、根据对章句的理解怎样组织演讲稿等。到比赛时，所有参赛的选手集中在一个地方，由每位选手抽签决定各自的演讲题目，在现场自己写演讲稿，两个小时完成，照稿再抄写一份，底稿交给评比组，抄稿带回去准备演讲，比赛时要照原稿背讲。

2007年衢州儒学校园剧剧照

衢州市首届高中生合唱节

小学生开蒙仪式现场

关于高中生《论语》学习辩论比赛，每个学校组织一支参赛队伍，每队有四名辩手，一般由高二年级学生组成；辩题从题库抽取，大概有两个多月的准备时间，但辩论的正反方要到比赛前的两天才抽签决定。因此，每个学校的参赛队都会组织一支陪练队，并在老师的指导下，根据辩题设计攻辩的内容并开展模拟比赛。

⑤筹划校园剧比赛和中学生合唱节。这两项活动每隔一年举行一次，由孔管会与衢州市教育局主办，各学校轮流承办。

校园剧是一种"微话剧"，独幕，表演时间为15分钟。根据校园生活中常见的一些消极现象，尽可能依照中华民族的优秀传统思想，通过短剧的形式，用艺术方式来使学生获得自我教育。学

生们利用课余时间，自编、自导、自演校园剧。当然，老师要参与和指导。

合唱节的主题是"爱祖国，爱家乡，爱校园"。要求各校自己作词、作曲、指挥、伴奏、演唱，做到"五自己"。第一年合唱节，由音乐家担任评委组成员，其中包括浙江省音乐协会主席。

⑥从2008年开始，孔管会与衢州市教育局合作，在新学年来临之际，每年在大成殿前举办小学生开蒙仪式。与此同时，各县（市、区）的小学生开蒙仪式也在各自的重点小学举行，乡村小学派校长和师生代表参加。

2011年开始，每年制作21万支"《论语》语录铅笔"，在小学生开蒙仪式上赠送给刚入学的小学生。每人一套（共5支），每支铅笔上镌有2句金字《论语》章句。这对于求知欲旺盛的小学生来说，即刻就读熟会背，能使之印象深刻。制作铅笔的费用，每年预算10万元，由孔管会筹集。

⑦2010年，孔管会自行设计、制作了十一尊三米半高的孔子铜像，由衢州孔子教育基金会出资，分别赠送给衢州一中、衢化一小等中小学校。孔子走进校园，意味着中国传统文化、传统道德在新的历史时期找到了新的结合点。

⑧从2013年上半年开始，衢州市教育局与孔管会联合开办图文并茂的《硬笔写字》简报，推动中小学教师提高硬笔书法的功夫，

衢州一中校园内的孔子铜像

特别是板书的功夫。2013年2月初，衢州市委书记陈新陪客人到孔氏南宗家庙参观，孔祥楷向陈书记汇报拟联合教育局对在职教师进行硬笔书法考核一事，陈书记听了很高兴，说："这件事很好，我们的教师就应该把字写好。你告诉教育局徐朝金同志，说我支持这件事。你们配合把这件事做好。"不久，衢州市市长沈仁康在有关材料上批示："市教育局、孔管会组织开展在职教师硬笔写字等级评定工作，这件事情很有意义。写好字既是每一个教师的基本功，也是教书育人的内在要求，更是提高教师艺术素养，弘扬传统文化的有效途径。希望市县教育行政部门、学校，将硬笔写字教育考核作为一项硬任务，从在职教师开始示范，逐步向中小学生推广普及，争取在三年内取得较好的效果。"3月5日，市教育局、孔管会联合发布了《关于开展在职教师硬笔写字等级评定工作的通知》，标志此项工作正式启动。至2015年6月，已出版《硬笔写字》简报12期，发至全市大、中、小学。

以上这些活动，参与人数多，数以万计；覆盖面广，遍及衢州及周边地区；影响大，辐射各校。对于中小学生了解传统文化和儒家学说，起到了灌输、普及和形象教育的作用。

(2) 组织专家学者研究孔氏南宗祭祀礼制理论并出版有关书籍

在普及孔子文化、注重青少年思想道德教育的同时，孔管会组织专家进行孔子文化研究的基础工作，编辑出版了《衢州孔氏南宗家庙志》（市文化局编纂）、《孔氏南宗史料》（徐寿昌选编）、《孔子的嫡长孙们》（崔铭先著）、《孔子75代嫡长孙孔祥楷》（崔铭先编）、《孔祥楷文稿》（庄月江编）、《孔府藏诗》（崔铭先编）、《〈论语〉章句篆刻印谱》、《衢州市孔子学术研究会2010—2011年度论文集》等书籍，还印制了5种不同规格、不同材质的《论语》正体字直排线装本，以及《大学》、《中庸》、《孟子》正体字直排线装本，《孔子圣迹图》等。《孔氏南宗总谱》亦在编纂之中。

为了扩大孔氏南宗祭祀文化的影响，孔管会牵头成立了衢州市孔子学术研究会和衢州市儒商研究会，还承办了10期《浙西文学》、出版了32期《衢商文化》，对于传播儒家文化和本土文化，研究孔氏南宗的祭祀礼制，起到了不可替代的作用。尤其值得一提的是，2009年，孔管会组织七十余位画家、书法家、诗词作者，合作完成了宽21.8米、高2米的《孔氏南宗家庙》长卷；2013年，又组织五位油画家创作了一组（五幅）2米宽、1.5米高的油画《大宗南渡》，将孔氏南宗八百余年的历史定格在画布上。

(3) 借纪念孔子诞辰的祭祀典礼之际，举办儒学论坛或儒学学术报告会

2004年9月28日，在孔子诞辰2555周年纪念日的下午，举办"国际儒学论坛"，邀请中国孔子基金会常务副会长刘蔚华教授主持，美国哈佛大学燕京学社社长杜维明教授担任"坛主"。来自国内外

2010中国·衢州国际儒学论坛现场

和衢州市的专家学者五十余人济济一堂,韩国朱升泽教授的《韩国儒教文化的最后据点——安东的儒教文化》、韩国赵骏河教授的《孔子与孟子的道德主体意识》、美国司马黛兰教授的《孔子的形象,中国的脸面——近代孔子形象的遭遇,文化和政治上的意义》、香港邓立光博士的《孔子的谦让思想》、山东王钧林教授的《"忠恕"与"和而不同"》、杭州吴光教授的《儒家价值观的普世性论纲》,以及衢州市徐寿昌先生的《孔氏南宗辨正》、陈定睿先生的《孔氏迁徙与中国文化的转移》、崔铭先先生的《孔氏南宗家庙及其文化内涵》等论文,观点鲜明,见解独到。刘蔚华教授在小结中,将孔氏南宗"始终和中央政权保持一致,失爵和复爵都宠辱不惊,始终致力于民间教化",归结为孔氏南宗的三大特点。

在2005年至2007年这三年纪念孔子诞辰日期间,都开展了规模宏大的"儒学论坛"活动。2005年9月28日下午,复旦大学博士生导师金林祥教授在工人文化宫向一千多名新老教师作了《孔子教育思想及其当代价值》的学术讲座。2007年9月28日下午,浙江师范大学校长梅新林博士向衢州学院两千多名学生作了《孔子思想与当代教育》的学术报告。

特别值得一提的是,"2006中国·衢州国际儒学论坛",时任中共浙江省委书记习近平同志给衢州市委、市政府发来贺信,称赞"儒学思想作为人类文化的瑰宝,源远流长,博大精深,是中国文化的象征,对人类文明的发展产生了深远影响。实现社会和谐是儒家思想的重要内容，以和谐为价值追求是儒家文化的基本精神。"习近平又指出，"衢州素有'东南阙里，南孔圣地'之美誉，是孔氏南宗文化的重要发源地，在浙江的历史文脉中具有独特优势。对于这一珍贵历史文化遗产一定要加倍珍惜，发扬光大。希望你们以这次高水平的论坛为契机，着眼于世界文化发展的前沿，从更高的层次、更宽的视野、更新的角度来加强对儒学文化的研究，积极探索儒学文化的现代意义，为中国传统文化的发展和在世界各地的传播发挥积极的推动作用。"

此次论坛上，时任中共浙江省委副书记夏宝龙同志作了《培育和谐文化 构建和谐社会》的重要讲话，时任中国社科院副院长江蓝生作了《继承儒家和谐思想 发展民族新文化》的学术报告，时任衢州市委书记厉志海作了《弘扬儒家优秀文化 推动衢州和谐发展》的报告，孔祥楷先生也作了《伟大的孔子》的演讲。此外，来自美国、俄罗斯、日本、新加坡、韩国等国家和香港、台湾地区，以及内地各省的专家学者，发表了五十余篇学术论文。这些论文，后汇编成《儒学研究》（上下册），山杭州出版社出版发行。

三、衢州南孔祭典的特点和价值

纪念孔子，各时世有各时世的形式，所有纪念形式应与时世同步。「当代人祭祀孔子」是新时期祭孔的原则，参祭人员穿时行的正装，行时兴的鞠躬礼，代表了当代人对孔子的崇敬，表达了当代人对孔子思想的尊重。

三、衢州南孔祭典的特点和价值

[壹]衢州南孔祭典的特点

1. 民国时期的祭祀特点

辛亥革命时期，时局动荡，衢州南孔祭典不像封建社会那样有序。有时举行，有时不举行；有的地方举行，有的地方不举行。

民国时期，阳历9月28日是孔子诞辰日，也是国定的教师节。这天，各地学校，由当地士绅牵头，召集师生举行祭祀活动。州、县所在地，在文庙或文昌阁举行；乡镇则在学校举行。无论在哪里举行，都要设祭堂、供奉"大成至圣先师文宣王"牌位，众多参祭者要依次叩拜。由唱礼人宣读仪程，如奏乐、鸣炮、献供馔、读祭文、焚香、化表等。社会地位较高者被推为主祭人，主持祭祀活动。所需费用，或由士绅分摊，或由官方拨付。

孔氏南宗家庙，每年春秋两季的丁祭都如仪举行。其祭祀情况由于史无记录，无从查考。但自抗日战争胜利之后，社会稍趋安定，民国35年（1946）至37年（1948）这三年间，官方每年都会在孔氏南宗家庙举行盛大的祭典。民国时期报章都有报道。

抗战期间，遵国民政府令，"孔子及亓官夫人楷木像"移送至浙江的后方龙泉、庆元县山区保护。民国35年，要举行迎接楷木像还庙的集会，并祭祀孔子。当年阴历八月二十八的《大明报》云："昨日圣诞、教师节，各界首长招待教师，上午纪念大会参加者千余人，圣像还庙典礼，余主任主祭。"这次祭祀典礼，由当时的绥靖公署主任余汉谋将军主持。浙江省政府主席沈鸿烈，特派五区行政督察专员姜云卿作为他的代表参加。此外，还有军政要员四十余人出席。当天上午9时整，"孔子及亓官夫人楷木像"由一蒋姓团长护送还庙。孔氏南宗家庙理事会理事长、奉祀官的代表孔宪洛宣讲孔子

民国35年（1946），《大明报》报道祭孔大典

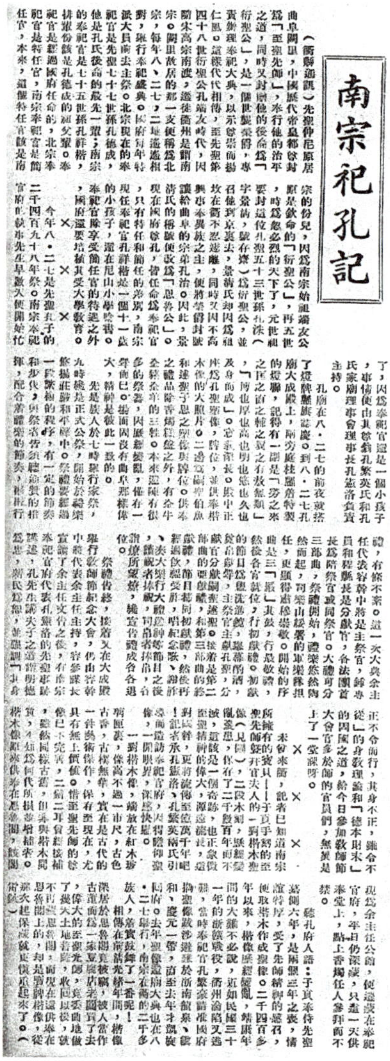

南宗祀孔記

（衢縣趙雨） 先聖仲尼原居曲阜闕里，中國歷代帝裔本身即為「衍聖公」，奉行徽的後裔尊為「衍聖先師」，同時代表徽的治平之道。 ……

（以下为报纸原文竖排小字，内容为《南宗祀孔记》全文）

《南宗祀孔记》

言行。

民国36年（1947）阴历九月初六，《东南日报》刊载了记述当年祭祀孔子的文章——《南宗祀孔记》。这篇近两千字的通讯，具体叙述了孔氏南宗的由来、变迁，以及抗战时奉祀官孔繁豪护送"孔子及亓官夫人楷木像"赴龙泉、庆元避难等情状。文章开头写道："今年'八二七'是先圣孔子的二千四百九十八年祭。南宗奉祀官的执事，早数天就开始忙了。因为奉祀官（即孔祥楷）还是一个小孩子，事情便由其尊翁孔繁英和孔氏家庙理事会理事长孔宪洛负责主持。"作者在文章中还写到，这天绥靖公署主任余汉谋因故未能出席，其代表容斡中将担任主祭官，钟专员、程县长为分祭官，上午7时家祭、9时公祭等。

民国37年（1948）阴历八月二十七，《大明报》刊载的《今晨祭孔大典 教师节纪念会》云："本年祭孔大典暨教师节纪念大会，定今日在新桥街孔氏家庙举行。由奉祀官府恭请绥靖主任汤（恩伯）主任为正献官，翁（振书）院长、程（运启）县长为分献官……各机关法团首长陪祭，仪式甚为隆重。"这一短讯，证实了衢州绥靖公署主任汤恩伯主持过衢州在新中国成立前的最后一次祭孔仪式。

民国35年（1946）的那次"祭祀孔子暨圣像还庙典礼"，即《大明报》中提到的"圣像还庙典礼"，究竟是怎么一回事呢？为什么圣像要还庙？这还得从"孔子及亓官夫人楷木像"第一次还庙说起。

"孔子及亓官夫人楷木像"，相传是子贡为孔子守墓时用墓园里的楷树木材所雕刻的，已有两千多年历史。这尊楷木像，是衍圣公孔端友扈跸南渡时，从曲阜祖庙随身携带到衢州的。孔氏南宗子孙一直视它为瑰宝，珍藏于孔氏南宗家庙西轴线北端的思鲁阁。

据清代李元度《书衢州文庙圣像事》一文中记载，"孔子及亓官夫人楷木像"曾在太平天国动乱期间流失民间，由他的部下从江山的货郎担上买回，并"鼓乐送之"还庙："咸丰十一年（1861），率师驻衢州及江山，时总兵李定太、刘培元防衢，皆乡人也。元度拟谒文庙，则积年为兵勇及难民所毁坏，木主狼藉地上。问圣裔，皆避地出；问二像，则寝阁仅存柱础，像不知所在矣。培元等大索民间。衢人士闻言，始知二像源流，初皆习焉不察也。明年，培元走书江山，告得像于卖饧者担头，有百夫长以钱四百文易之。像高三尺有奇，衣褶浑古，并完好。乃约镇道守令，具鼓乐送之入庙。"这是流失于民间的"孔子及亓官夫人楷木像"在清咸丰十二年（1862）第一次被隆重地还庙。

民国36年（1947）的"孔子及亓官夫人楷木像""还庙典礼"，还得从抗日战争初期说起。民国26年（1937）9月开始，衢州经常遭到日机轰炸，日本侵略军兵锋直指衢州。民国28年（1939）5月，国民政府电令浙江省政府采取严密措施，以保护"孔子及亓官夫人楷木像"，使之免遭日寇掠夺。浙江省政府决定，令大成至圣先师南宗奉祀官孔繁豪护像前往龙泉县山区暂避。同年6月1日，孔繁豪一行护像从衢州出发，6月6日上午抵达龙泉八都，入李家祠堂。圣像到达八都时，受到龙泉机关人员、地方士绅、学校师生二百余人的夹道恭迎。第二年冬，浙江省政府又电令孔繁豪将圣像转移至更加偏远的庆元县。庆元县县长吴醒耶接到省政府安置奉祀官并供奉圣像的电令后，在县郊山清水秀的大济村选择吴氏大户"慎修堂"作为安置奉祀官孔繁豪和楷木像的处所。

"孔子及亓官夫人楷木像"在庆元县大济村慎修堂供奉后，孔繁豪虽从"东南阙里"衢州流寓到了浙南这个偏僻的小山村，但并没有忘记作为大成至圣先师南宗奉祀官的职责。在庆元期间,每年春秋两季的祭孔典礼都如仪举行。典礼由县长吴醒耶或文教局长姚思权主持,孔繁豪担任主祭。有史料记载:"民国30年(1941)9月,庆元文庙举行'秋祭大典',将孔子夫妇楷木雕像供奉于大成殿。因古世祭器、乐器、舞具等已无处寻觅,因而礼节从简。由孔繁豪先生亲自主祭,城内宿儒姚思权、季存义以及文化界人士数百人参加祭礼。祭后全体参加人员随孔子夫妇雕像循城内至田后街游行一周,观者如睹,极一时之盛。"(《庆元县文史资料·孔氏南宗七十四世

民国35年(1946),"孔子及亓官夫人楷木像"还庙

奉祀官孔繁豪在庆元》)

抗日战争胜利后，离开孔氏南宗家庙整整七个年头的"孔子及亓官夫人楷木像"，在当局委派的军警的护送下回到衢州，并在孔氏南宗家庙举行了隆重的还庙典礼。"孔子及亓官夫人楷木像"终于在鼓乐声中第二次回归原供奉处思鲁阁。

"孔子及亓官夫人楷木像"刻画的孔子及亓官夫人的形貌到底是怎样的，衢州宿儒、曾任北洋政府司法部次长的书画家余绍宋先生，在民国19年（1930）曾做过"鉴定"，并将该鉴定亲笔题写在圣像照片的下款。其文云："上为至圣先师及夫人楷木像，相传为端木子贡手雕。刘佳《游家庙》诗所谓'传是卫国贤，摹刻志师谊'者也。西安旧志云'宋衍圣公孔端友随高宗南渡，抱负以来'，不言何人所制，盖无确证，不敢轻说耳。今观两像，木理坚结，几化石质，而雕刻又极古朴浑穆，虽不敢必其出于子贡，要为汉以前人之制作，则无可疑。木质面能留存至今，世间更无其偶。况属圣容，尤堪珍重。旧奉家庙思鲁阁下，今移奉阁上。孔裔向不轻示人，非其时不许瞻仰。十五年前，由绍宋商诸前博士肖铿（即孔庆仪）先生，始许摄影渐传于世人，多未详其由来。用志数言，借传梗概。庚午首夏，龙游余绍宋再拜谨记。"

民国23年（1934），郁达夫参观孔氏南宗家庙时，也描摹过这对圣像："楷木像藏在孔庙西首的一间楼上，像各高尺余，孔子是朝服执圭的一个坐像，亓官夫人的也是一样的一个，但手中无圭。两像颜色苍黑，刻画遒劲，绝不是近世人的刀势。据孔先生（陪郁达夫参观的衢州三衢医院院长、孔子七十三世裔孙孔熊瑞）告诉我们的话，则这两像素来就说是出于端木子贡之手刻，宋南渡时由衍圣公孔端友抱负来衢，供在家庙的思鲁阁上，即以衢州后的年限来说，也已经有八九百年的历史了。孔子像的面貌，同一般的画像并不相同，两眼及鼻子很大，颧骨不十分高，须分三挂，下垂及拱起的手际，耳朵也比平常人大一点儿。孔子的一个圭，一挂须，及一只耳朵，已经损坏了，现在的系后人补刻嵌入的，刀法和刻纹，与原刻的一比，显得后人的笔势来得软弱。"（郁达夫《烂柯纪梦》）

"孔子及亓官夫人楷木像"现已不在孔氏南宗家庙。1949年5月衢州解放，"孔子及亓官夫人楷木像"由衢州军管会接收。稍后，军管会交与衢州中心文化馆保管。1954年7月12日，衢州中心文化馆把它呈送浙江省博物馆收藏。1959年9月27日，山东省曲阜县文管会向浙江省博物馆借用楷木圣像以复制，为期半年，但一拖再拖，虽经多次催讨，至今仍未归还。

2. 新中国成立后的祭祀特点

(1)"当代人祭祀孔子"是新时期祭孔的原则

《论语·八佾》中有这样一段文字："祭如在，祭神如神在，子曰：'吾不与祭，如不祭。'"这是两千多年前孔子的教导。孔子七十五世嫡长孙孔祥楷认为，祭祀典礼是庄严的，参祭人要有真诚的态度。既然祭祀先师如同先师在，那么，作为参祭人，我们当然应该以自己的真实身份祭祀他，否则就"祭如不祭"了。这就是孔祥楷提出的"当代人祭祀孔子"的理论根据。

对于"当代人祭祀孔子"这一观点，孔祥楷在2006年衢州国际儒学论坛上作《纪念伟大的孔子》发言时，如是表述："漫漫长长的两千多年中，中华民族一直在纪念伟大的孔子。我们举办国际儒学论坛，是对伟大先哲的一种纪念方式。自2004年开始，孔氏南宗家庙举行的纪念孔子圣诞的大典，也是纪念孔子的一种方式。而纪念孔子，当然各时世有各时世的形式，所有纪念形式应与时世同步，就像现在我们的论坛，完完全全用今天社会的方式，根本没有人想去采用或模仿清朝人、明朝人的学术研讨方式。那么，作为纪念的另一种方式——祭祀典礼，为什么要用清朝人的方式、明朝人的方式呢？听说今年某一个地方将采用更古的朝世——汉朝祭祀孔子的方式。且莫说汉也罢，明也罢，清也罢，那时是不是真的像我们今天所看到的形式祭祀孔子？无人知晓。但单从道理上讲，今天我们纪念孔子，理所当然要用我们今天的文化、今天的生活习俗、完完全全的今天的理念与心态来纪念孔子，就如我们的儒学论坛，没有人会想穿着前朝服饰、'之乎者也'地探讨孔子思想一样。况且，一种与时世合拍的祭祀，也应该是对参祭人的一种教育。我们正是按这一清楚得无法再清楚的道理，遵循市委、市政府要求的'当代人祭祀孔子'的原则，设计了我们的祭孔形式，以此表达对伟大先哲孔子的崇敬心理。"

(2) 祭祀仪式方面的部分改革

每个朝代、每个时期的祭祀活动，都带有鲜明的时代特色和特定的时世内容。祭孔亦如此。诚然，作为一种非物质文化遗产，祭祀仪注应有所继承。继承的应是对被祭祀者优秀品德的敬羡和对其崇高精神的弘扬。形式上的某些可取之处亦可"拿来"，如祭孔时进香、朗诵《论语》章句、唱《大同歌》等。至于奉以太牢，毕竟是春秋战国时期的古礼。孔氏南宗家庙祭祀孔子，将血淋淋的三牲改成金灿灿的五谷，是一种进步，且于史有据。《周易·既济·九五爻辞》曰："东邻之杀牛，不如西邻之禴祭，实受其福。"意思是，东邻杀牛厚祭鬼神，不如西邻之薄祭，西邻实际上更能得到鬼神的福佑。

"谷"原指有壳的粮食，像稻、稷（又称粟，俗称小米）、黍（俗称黄米）等，外面都有一层壳。"五谷"一词最早出现于《论语》。《论语·微子第十八》中记载："子路从而后，遇丈人，以杖荷蓧。子路问曰：'子见夫子乎？'丈人曰：'四体不勤，五谷不分，孰为大子？'"

"五谷"究竟是指哪五种作物呢？"五谷"，古代有多种不同的说法，最主要的有两种：一种是指稻、黍、稷、麦、菽（大豆）；另一种是指麻（指大麻）、黍、稷、麦、菽。前者有稻无麻，后者有麻无稻。战国时期的名著《吕氏春秋》里有四篇专门谈论农业的文章，其中《审时》篇谈到栽种禾（稷）、黍、稻、麻、菽、麦的情况；《十二纪》篇也说到这六种作物。由此可知，稻、黍、稷、麦、菽、麻这"六谷"，就是当时的主要作物。五谷，古时就是指这些作物，或者指这六种作物中的五种。现在所谓的五谷，泛指粮食类作物。

　　2004年9月28日，即孔子2555周年诞辰日，衢州恢复中断了

衢州南孔祭典进香、献五谷

导演谢晋参加2004年孔子诞辰纪念晚会

五十六年的祭祀典礼。其时的"献礼"中，将旧时的"献三牲"改成了"献五谷"。这一年，用根茎叶穗完整的稻丛、连根带叶的大豆、连茎带叶的玉米、香泡、南瓜、鲜藕这六种作为"五谷"，敬献于孔子、孔鲤和孔伋供案。翌年"学祭"，不再用带根茎叶的"原生态五谷"，而是将稻谷、大豆分盛在木碗里，玉米改用捆扎在一起的六个玉米棒子，鲜藕改用文房四宝，香泡、南瓜依旧。

"献五谷"，经过多年的尝试与微调，考虑到今后祭品的规范，制定如下六种：稻、黍、稷（粟）、麦、菽（大豆），以及文房四宝。五谷中，"黍"这种植物南方少有，因其"黍"字，用玉米（即玉蜀黍）代替。

另一重大改变，即将祭祀典礼中的表演部分"佾舞"去掉，以"颂礼"代之。若有条件，将祭祀典礼中的演出部分以纪念晚会的形式向

观众（及参祭者）展示。如2004年9月27日晚上，举办了大型的纪念晚会。整个晚会90分钟，包括2项内容。一是话剧《大宗南渡》，二是大合唱《东南阙里》，由著名导演谢晋担任首席艺术顾问。

(3) 衢州南孔祭典目前的规范模式

经过十年实践，孔氏南宗的"当代人祭祀孔子"已经形成规范。

祭祀方式　每五年中，有一年是"社会各界公祭"。参祭人员范围大，尽可能邀请各地人员参加祭祀。其他四年中，有两年是"祭孔大典暨文化节"，还有两年是"学祭"，由各学校校长、老师、学生参祭。

基本仪程　在继承古例的前提下，逐步完善了现在的祭祀典礼的程序。程序包括礼启、祭礼、颂礼、礼成四个部分。每项中都有具体的内容，最有创意的是礼成时全体参祭人员合唱《大同颂》。《大同颂》歌词取自《礼记·礼运》篇，总共一百零七个字，是对人类的理想社会的描写。最后一句是"故外户而不闭，是谓大同"，故而称之为《大同颂》。

时代印记　这是设计"当代人祭祀孔子"这一原则要着重考虑的事项，由《祭孔子文》开始就很注意这一点。《祭孔子文》是主祭人代表全体参祭人员向先圣表述今人对孔子的崇敬，向孔子汇报今天的社会与生活。文章格式基本上是句长、字数一致的韵律文。再如，设计了参祭人员每人胸前的佩条，上面都绣有一句《论语》章句，各不相同。敬献花篮时，用专门制作的、放大的、百姓日用的特大竹篮，里面盛满金黄色的菊花。参加祭祀的全体人员一律着当今正装，不能穿凉鞋，不许光脚穿鞋，女士们可以穿长裙。

不落俗套　献礼时，由两列相对的礼生奉献五谷以及文房四宝，每位成人携一小童。两列队伍在音乐声中缓缓走向大成殿，步履稳重，神态庄严。在颂礼章中，朗诵《论语》章句的有工人、农民、教师、学生、居民，还有外国朋友的代表。这种对《论语》的诵读，展示了中华民族传统思想的承传与弘扬。

音乐设计　祭祀音乐由孔祥楷亲自设计，旋律基调定在光明、张扬的主调上。整个祭祀过程有四支曲，分别是主祭人、陪祭人就位，进香，敬献五谷、文房四宝，敬献花篮。祭祀音乐也是"当代人祭祀孔子"的一大特色，具有强烈的时代气息。

收藏纪念　注重祭祀典礼各个环节的用品的纪念意义。原则上来说，每年参加祭祀的人都不同，相同的只是一些工作人员，如礼生、新闻工作者等，因为他们几乎每年要为祭祀典礼服务。大部分参祭人都是第一次，所以，设计者在用品的纪念价值上十分用心。比如，别在上装上的参祭佩条，开始用大号别针，后改用磁条，最后是磁条上印有"纪念孔子诞辰XXXX周年"字样，值得收藏。参祭人员收到的请柬，被邀请人的姓名也是全部用毛笔书写，这也是为了有心人收藏。

[贰]衢州南孔祭典在当代的意义

孔氏南宗的祭祀孔子大典，定位为"当代人祭祀孔子"。对"祭孔"的这一定位与实践，参加2004年首次祭祀典礼的香港城市大学邓立光博士，于同年10月4日在《星岛日报》上发表题为《从衢州祭孔看中国的文化发展》的文章，认为"衢州祭孔迸发出的文化能量"，"显示了复兴传统文化的气魄与划时代意义"。

10月12日，参加2004年首次祭祀典礼的美国哥伦比亚大学中国哲学博士、任教于葛德斯堡大学的终身教授司马黛兰和美国宾州HACC大学教授程德祥夫妇，以书信的形式表述了对"南宗版"祭祀大典的看法：

　　我们看到你们在祭孔改革方面进行着严肃的、踏踏实实的、成功的尝试。我们敬佩你们的勇气和胆识，我们理解你们的苦心和志向。在祭孔改革这个大课题前，你们的行动最有权威性，你们的行动最有影响力，你们的行动最有示范性。我们注意到不少细节上的变化，都是具有深意的。你们移走了大型铜塑行教像，虽然那个像在这里立了近八年，它在这里不合适。毫无疑问，移走是正确的！你们废止了华丽的服饰和舞蹈，废止了牛羊祭品，废止了古乐旧器的喧闹，把钢琴搬到大成殿前是个很了不起的创造！你们删去了孔子牌位上的

"神"字，堪称大手笔。孔子是人，不是神……现在是还孔子以人本位的时候了。

对于"当代人祭祀孔子"这一定位，外宾们都称赞有加，认为参祭人员穿时行的正装，行时兴的鞠躬礼，代表了当代人对孔子的崇敬，表达了当代人对孔子思想的尊重。

参加2008年祭祀典礼的韩国国立忠南大学孔子学院教授李东仁说："衢州祭孔的仪式与韩国有所不同，这种融入现代元素的祭祀方式值得赞赏。"

美国瓦尔柏莱索大学博士约翰·罗福说，他对聋哑学校的孩子们用手语表达《论语》内容的印象最深，这充分体现了孔子"有教无类"的教育思想。他还说，孔氏南宗家庙举行的祭孔典礼，让他感受到了衢州人的智慧，以及衢州这座城市浓厚的文化气息。

俄罗斯圣彼得堡大学孔子学院院长罗柳沙用中文意味深长地说："孔子是中国的第一形象。"

美国孟菲斯大学孔子学院院长孔祥德尤为激动，他对孔祥楷说："我俩都是祥字辈。大哥，我老家湖北，新中国成立前夕全家赴台，后又从台湾迁到了美国。听家里老人说，我们的老祖宗是从曲阜南渡而来的，我应当属于南宗。可是，我一直不知道衢州。"正好研究孔氏南宗历史的专家徐寿昌在场，他说，湖北的孔裔，都是从衢州

到江西，再迁往湖北的。湖北的那支孔裔，必南宗无疑。

参加祭祀典礼的国外孔子学院的院长和教授们，回国后都给《衢州日报》写来文章。

芬兰赫尔辛基孔子学院院长高歌在文章中写道："以我之浅见，祭孔大典应该在衢州以尽可能传统的方式持续下去。一项重要的文化遗产在这里被保留。衢州将因珍视这项祭孔典礼与拥有儒家精神最初的面貌而闻名全球。和曲阜不同的是，这里的家庙多了一张脸：孔祥楷先生。"

冰岛大学哲学教授麦克·卡尔森写道："在孔氏南宗家庙参加祭祀典礼是一件令人兴奋的事。它体现了衢州人民是何等尊崇与祭奠他们唯一的孔子遗产的，或者说是整座城市的遗产。"

摩洛哥穆罕默德五世大学拉巴特·沙利·穆罕默德教授写道："在此次旅行期间，最为难忘的还是孔子的祭祀典礼……我似乎回到了童年，我特别想起了地理课上老师展示给我们的巨大的中国地图，老师讲解了孔老夫子的智慧，人所担负的责任以及尊重的价值……当我亲身在中国参加祭孔典礼的时候，我懂得了虽然岁月荏苒，中国经历了无数社会和经济的动荡，但是孔子的精神一直陪伴着人们。在今天这个阴雨绵绵的早上，这些大大小小的面庞所展示的庄严，已经使我见证了这个伟大思想家的巨大力量。"

德国杜伊斯堡鲁尔都市孔子学院中方院长许宽华教授写道：

"两千五百多年过去了,《论语》仍然具有如此的魔力和震撼力,无疑应当感谢孔子的后裔和在中华大地上生息的中国人,衢州人就是当之无愧的代表。"

2009年祭祀典礼结束的当天下午四点钟,专程赴衢州参加祭孔典礼的日本大阪市《论语》普及会会长村山好伴一行十四人,又一次来到大成殿内。他们手捧日文版《论语》,毕恭毕敬地对着孔子圣像朗诵《论语》章句。后来,村山好伴对孔祥楷说:"近年来,我参加过曲阜、北京、上海、台北等好多地方的祭孔活动,没有像今天这样印象深刻。今天我看到的祭孔,是让孔子思想深入到老百姓心里的一次祭祀活动。全体参祭人员高唱《大同颂》时,我感动得流泪了。"

对于"当代人祭祀孔子"的定位,中国孔子基金会常务副会长刘蔚华在2003年冬到衢州孔氏南宗家庙考察时就听过孔祥楷的设想。2004年,刘蔚华亲历衢州首次祭祀典礼,在离开衢州的那天早餐桌上,他对孔祥楷半开玩笑地说:"老孔,你闯了一个祸。"他见孔祥楷一怔,随即补充说:"你这样做了,叫人家怎么办?"孔祥楷这才放下心来,原来刘副会长是在褒扬"当代人祭祀孔子"这个理念呢。

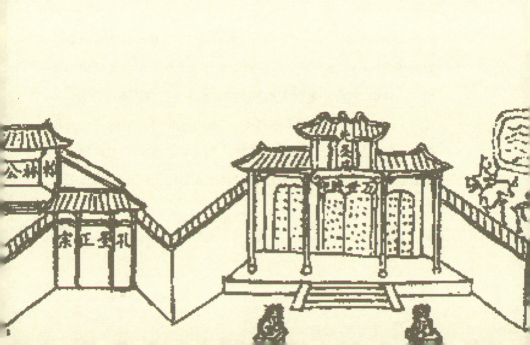

四、主祭人和代表性传承人

孔氏南宗祭祀圣祖孔子的主祭人，从孔子四十八世嫡长孙孔端友到七十五世嫡长孙孔祥楷，一共延续了二十八代。作为大成至圣先师南宗奉祀官、祭祀的主祭人，作为衢州南孔祭典的代表性传承人，孔祥楷的主要职责是主持和传承对孔子这位至圣先师、中华民族思想界伟大的先行者的祭祀。

四、主鬯人和代表性传承人

孔氏南宗祭祀圣祖孔子，肇始于南宋建炎之初，传承至今已有八百余年。在南宋时期，由嫡长孙世袭衍圣公，担任主鬯人，代表朝廷和官府祭祀孔子。入元之后，元世祖忽必烈诏令当时的衍圣公、孔子五十三世嫡长孙孔洙，奉爵回山东曲阜，主持祭祀孔子事宜。孔洙进京觐见元世祖，以"先祖坟茔在衢、老母在堂"为由，不肯返回曲阜，而是把爵位让给了世居曲阜的孔氏小宗。让出衍圣公爵位之后的衢州孔氏"猥同庶民"，祭祀圣祖的活动就由历任衢州孔氏族长主持。这一局面一直延续到明代弘治末年。明正德元年（1506），武宗诏授孔洙的六世孙孔彦绳为将仕郎、世袭翰林院五经博士，主持孔氏南宗家庙的祭祀仪式。由此，孔子嫡长孙开始世袭这一官职，承担祭祀孔子主鬯的职责。民国初年，国民政府撤销一切爵位，改衢州孔氏世袭的翰林院五经博士为大成至圣先师南宗奉祀官。此职一直延续到中华人民共和国成立。

孔氏南宗祭祀圣祖孔子的主鬯人，从孔子四十八世嫡长孙孔端友到七十五世嫡长孙孔祥楷，一共延续了二十八代。

[壹]历次祭典主祭人

衢州南渡孔氏家庙祭祀圣祖的仪式由孔子嫡长孙主持，其肇始者就是孔端友。

孔端友

孔端友（1078—1132），字子交，孔子四十八世嫡长孙。

北宋崇宁三年（1104），孔端友袭封衍圣公。政和元年（1111），孔端友奏请大修阙里孔庙。宋徽宗准其所请，下令"至圣文宣王改执镇圭；至圣文宣王庙旧立十六戟，今立二十四戟"，如王之制。政和四年（1114），孔端友奏请皇上："乞依诸路颁降《大晟新乐》，许内外族人及县学生咸使肄习，以备释奠、家祭使用。"宋徽宗即下旨"依所乞"。政和五年（1115），北宋朝廷特颁铜印一方，印文为"至圣文宣王庙朱记"。宣和三年（1121）十一月，宋徽宗诏令衍圣公孔端友特转通直郎，除直秘阁，赐绯章服，仍许就任关升。

南宋建炎三年（1129）二月，在女真大军压境之际，衍圣公孔端友携带孔氏祖传珍宝，率孔氏族属扈跸南渡。到达临安后，宋高宗赵构赐衍圣公孔端友及孔氏族人寓居衢州，诏命暂以衢州州学为孔子专祠，春秋奉祀。建炎四年（1130），因为衍圣公可以"就任关升"，宋高宗诏令衍圣公孔端友"权知郴州军州事"。然而，在郴州任上的孔端友却先后两次"自请"、"乞宫祠"，要求担任闲职。于是，宋高宗于绍兴元年（1131）三月同意了孔端友的请求，授其为

孔子四十八世嫡长孙孔端友塑像，安放在南孔家庙东庑

"直秘阁，主管洪州（今江西南昌）玉隆观"。

返回衢州养病的孔端友，将从曲阜带来的"孔子及亓官夫人楷木像"供奉于州学，将唐代吴道子所绘的"先圣遗像"刻于石碑，将祭祀圣祖的仪式程序要领传给儿子孔玠。南宋绍兴二年（1132）闰四月，孔端友病逝于衢州州学。

孔玠

孔玠（1123—1154），字锡老，孔子四十九世嫡长孙，孔端友之子。

南宋绍兴二年闰四月，孔端友病逝后，宋高宗诏令孔玠任承奉郎，袭封衍圣公，时年九岁。绍兴八年（1138）六月，宋高宗下诏，赐衢州孔氏家庙田五顷，以供祭祀之用。孔玠决定在衢州城南隅营建鲁儒坊街巷，以供南渡孔氏族人居住。

孔玠袭任衍圣公二十二年，一直驻守衢州家庙。作为主鬯人，他每年祭祀圣祖都亲力亲为，从不马虎。加上还要为孔氏族人的生计操心，故而病魔缠身，于绍兴二十四年（1154）春病故。

孔搢

孔搢（1146—1193），字季绅，孔子五十世嫡长孙，孔玠之子。

南宋绍兴二十四年四月，为右承奉郎，袭任衍圣公，专主奉先圣祀事。绍兴三十年（1160）十二月，孔搢虽年未及格，法未当磨勘，但吏部奏孔搢乃先圣嫡长孙，特转承事郎。

南宋淳熙五年（1178），宋孝宗祭祀太庙，诏衍圣公孔摠入京侍祠。宋孝宗知孔摠尚未任外职，即擢其知建昌军（治所在今江西抚州南城）。淳熙八年（1181），因"妄用库金"，而被罢知建昌军之职。南宋绍熙四年（1193）初，宋光宗擢孔摠为朝散大夫、浙东安抚使司参议。同年初冬，孔摠病卒。

孔文远

孔文远（1186—1226），字绍光，孔子五十一世嫡长孙，孔摠之子。

南宋绍熙四年冬，孔文远被授为承奉郎，承袭了衍圣公之爵位，时年七岁。

在孔氏家塾，孔文远结识了比自己小两岁的新城县（今浙江富阳新登）人周雄。十余年之后，周雄为母亲赴徽州婺源拜神，在归来途中，闻知母亲已经去世，悲痛而亡。衍圣公孔文远为之漆身，捐房舍田地，建周孝子祠以祀。这就是后来十分有名的周宣灵王庙。

南宋嘉定元年（1208），朝廷委派孔文远出任吉州（今江西吉安）通判。秩满归里，朝廷晋其职为朝奉郎。南宋宝庆二年（1226），孔文远病逝于衢州寓所。

孔万春

孔万春（1207—1241），字耆老，孔子五十二世嫡长孙，孔文远之子。

南宋宝庆二年五月，诏授承奉郎，袭封衍圣公，专主衢州家庙祀事。宝庆三年（1227），朝廷任命孔万春兼任衢州府通判。绍定二年（1229）夏，朝廷任命孔万春为奉议郎、泉州府通判，兼南外宗正丞。解职后，孔万春回到衢州，专任衢州家庙主鬯。淳祐元年（1241），病逝于衢州。

孔洙

孔洙（1231—1291），原字思鲁，后改为景清，号存斋，孔子五十三世嫡长孙，孔万春之子。

南宋淳祐元年，以承奉郎袭封衍圣公，专主衢州家庙祀事。宝祐元年（1253），宋理宗诏"衍圣公孔洙，添差通判衢州军州事"。自孔端友扈跸南渡，赐居衢州，以州学为庙祭祀孔子，已经百余年。在衢州通判任上，孔洙与知州孙子秀一起奏请宋理宗，要求建衢州孔氏家庙。宋理宗下诏：拨官钱三十六万缗，在衢州择地修建孔氏家庙。宝祐二年（1254），孔氏家庙落成，史称菱湖家庙。宝祐四年（1256），孔洙通判衢州秩满，因建庙、奉祀、联族之功，宋理宗诏"袭封衍圣公孔洙添差通判吉州军州，兼管内劝农营田事"，但"不厘务"，仍专主衢州祭孔之事。景定二年（1261）三月，宋理宗诏孔洙离开衢州，改任通判平江（今江苏苏州）。知州冯梦得改仕秘书丞，孔洙"权军州事"。四年秩满后，孔洙返回衢州。

南宋德祐二年（1276），宋恭帝奉表向元军投降。衢州战乱不断，

孔子五十三世嫡长孙孔洙塑像，安放在南孔家庙东庑

菱湖家庙毁于战火。孔洙以合族之力，在城南鲁儒坊重建孔氏家庙。

元至元十六年（1279），元世祖忽必烈统一全国。至元十九年（1282）夏，忽必烈决定让孔洙"载爵归鲁奉祀"，并"降旨征之"。孔洙北上，路过曲阜拜谒孔庙，十一月，入宫觐见。忽必烈令孔洙以衍圣公的身份返回曲阜，执掌祭祀大事。孔洙却以"先世庐墓在衢，不忍舍"、"曲阜子孙守护先茔，有功于祖"为由，谢绝了元世祖的好意，并将宋政和年间所降袭封铜印呈交给大元朝廷。忽必烈称赞孔洙："宁违荣而不违道，真圣人后也！"封孔洙为"承务郎、国子祭酒、兼提举浙东学校"，"就给俸禄与护持林庙玺书"，同意孔洙仍回南方。即此，在衢州延续了一百多年、传了六代的衍圣公爵位让给了曲阜孔氏旁支小宗。至元二十四年（1287），孔洙被擢为奉训大夫、江浙儒学提举。至元二十八年（1291）秩满，朝廷又命其为奉训大夫、福建道儒学提举。也就在这一年，孔洙不幸病逝于任所。

孔楷、孔思俊

孔子五十三世嫡长孙孔洙，有三个儿子，长子孔楷，次子孔思俊，三子孔思溥。

孔楷（1286—1366），字鲁林，按祖制辈分又称思楷，孔子五十四世嫡长孙。

在孔洙去世后的岁月里，孔楷和孔庭族长一起主持衢州孔氏家庙的祭祀活动。孔楷之母临死嘱咐孔楷游学福建，勿以衢州为念。

守墓三年毕,孔楷即携家小寓居福建崇安武夷山麓,曾任崇安县尹之职。元至正二十六年(1366)八月,孔楷死于福建行省平章政事陈友定之刀下。

孔思俊(1288—1358),字师道,号敬斋。在兄长孔楷携家离衢趋闽之后,孔思俊就担负起了嫡长孙的职责,成为衢州孔氏家庙祭祀活动的主鬯人。成年之后,先后担任庆元路(今浙江宁波)鄮山书院山长,湖南湘潭州教授,湖南宪司书吏,登仕郎、岳州路(今湖南岳阳)知事,从事郎、同安县(今福建厦门)县尹,邵武县尹,南安县尹,奉训大夫。年七十岁时去世。

在孔思俊出外为官的日子里,衢州孔氏家庙主鬯先后由族长孔津、孔思许担任。

孔克忠

孔克忠(1328—1407),字信夫,孔子五十五世嫡长孙。他是五十四世嫡长孙孔楷的嗣子,其生父乃孔洙次子孔思俊。

孔克忠成年后,被恩授福建福清州学正,后又担任了建宁路巡检,被辟为宪司书吏。时值元末明初,孔克忠和族长孔思朴,受朱元璋任命的总制衢州军州事王恺的嘱托,董理了城南孔氏家庙的修葺事宜。明永乐年间,孔克忠被恩授为太常博士。

孔希路

孔希路(1361—1437),字士正,孔克忠之子,孔子五十六世嫡长孙。

孔希路成年后，以孔氏恩例，被朝廷任命为福州府三山书院山长。秩满归里，仅事祭祀主鬯之职，再未出仕。年七十六岁病卒。生三子：议、詠、让。

孔议

孔议（1386—1438），字文伯，孔希路之子，孔子五十七世嫡长孙。

孔议终身未仕，仅任衢州孔氏家庙祭祀主鬯之职。年五十二岁卒。生二子：公诚、公信。

孔公诚

孔公诚（1413—1489），字贵文，孔议之子，孔子五十八世嫡长孙。

孔公诚担任衢州孔氏家庙主鬯人，为乡饮大宾。年七十六岁卒。生二子：彦绳、彦绅。

孔彦绳

孔彦绳（1453—1522），字朝武，孔公诚之子，孔子五十九世嫡长孙。

明正统元年（1436）八月，朝廷免除了衢州孔氏的差役之苦；正统十年（1445）五月，朝廷又发还了被抄没入官的五顷祭田。明弘治六年（1493），孔彦绳只身前往曲阜拜谒圣祖林庙。尽管孔氏南宗的

孔子五十九世嫡长孙孔彦绳塑像，安放在南孔家庙东庑

处境比元朝时好了许多,但由于孔洙将衍圣公爵位"固让",使得衢州孔氏"猥同黎民",和曲阜孔氏相比是大相径庭。在明朝众多官员,特别是衢州知府沈杰的呼吁下,明正德元年(1506)正月初,朝廷下旨,授孔子五十九世嫡长孙孔彦绳为翰林院五经博士,子孙世袭。由此,衢州孔氏宗法上的嫡长孙地位,才又获得了朝廷的肯定。孔彦绳在衢州孔氏家庙祭祀中的主圈地位,也随之得到了朝廷的认可。正是因为朝廷认可了衢州孔氏在宗法上的大宗地位,才有了孔氏南北两宗之分。宗法上的孔氏大宗被称之为孔氏南宗,国法上的孔氏大宗被称之为孔氏北宗。

因为身体多病,孔彦绳于明正德十三年(1518)向朝廷奏告,要求将自己担任的南宗家庙主圈之职移交给儿子孔承美。正德十四年(1519),武宗下诏:孔子六十世嫡长孙孔承美承袭翰林院五经博士之职。

明嘉靖元年(1522),孔彦绳病故。

孔承美

孔承美(1469—1544),字永实,一字畅翁,号菱湖,孔彦绳之子,孔了六十世嫡长孙。

孔承美承袭翰林院五经博士后,路经曲阜,前往京师觐见武宗谢恩。回来后则承担起了衢州孔氏家庙主圈的责任。明正德十五年(1520),孔承美吁请巡按浙江、监察御史唐凤仪,奏请武宗皇帝批准重建衢州孔氏家庙。次年庙成，由孔承美主持，在新建的孔氏家庙、也即现在的庙宇内，举行了入明以来最为盛大的祭祀孔子大典。

为供奉自南宋以来对衢州孔氏关心爱护、有恩于孔氏家庙和孔氏族人的官员，孔承美在衢州孔氏家庙的东轴线南端新建了一座恩官祠，并撰写了恩官祠碑文。

明嘉靖二十三年（1544），孔承美病逝。

孔弘章

孔弘章（1509—1574），字以达，孔承美之子，孔子六十一世嫡长孙。

明嘉靖二十六年（1547）三月初十，孔弘章承袭翰林院五经博士之职，担负起衢州孔氏家庙祭祀主鬯之责任。孔弘章飨祀禋洁，范族型家，平息奸顽攻击孔氏南宗优免差徭之纷争，甚得官府器重及邑人爱戴。

孔闻音

孔闻音（1530—1614），字知政，号鲁南，孔弘章之子，孔子六十二世嫡长孙。

明万历五年（1577），孔闻音承袭翰林院五经博士，为孔氏南宗主鬯人。孔闻音"学识渊雅，于谱系颇多订正"（徐映璞语），除了亲手订正、勘误孔氏南宗谱系外，对当地各大姓谱系的续修勘订也十分热心，还为一些他姓宗谱撰写了序言。万历十二年（1584），孔闻音主持了孔氏家庙的修葺事宜。万历十五年（1587），遵照《钦定孔氏家规》的规矩，孔闻音前往山东曲阜拜谒祖庙、祖庭、祖林，纠正了曲阜宗谱中有关孔氏南宗的谬误，增补了遗漏，由此也打定了编纂孔氏南宗谱系的主意。

万历四十二年（1614），孔闻音抚摩着已经考订完成的《衢州孔氏宗谱》，含笑而逝。

孔贞运

孔贞运（1558—1651），字用行，孔闻音之子，孔子六十三世嫡长孙。

明万历四十三年（1615）二月初一，孔贞运承袭翰林院五经博士之职，担负起衢州孔氏家庙主祀的责任。袭封世职的当年，孔贞运即前往京城向神宗皇帝谢恩。归途中前往曲阜，拜谒林庙，会见宗亲。

清顺治六年（1649），在西安（衢县旧称）知县孔贞锐的协助下，孔贞运修葺了衢州孔氏家庙。因病魔缠身，孔贞运于顺治八年（1651）逝世。

孔贞运的儿子孔尚乾（1617—1637）在其子孔衍桢出生不久就病逝了。

孔衍桢

孔衍桢（1636—1698），字泗柯，孔尚乾之子，孔贞运之孙，孔子六十五世嫡长孙。

因金衢守道、浙闽总督、西安知县等官员的奏报，清顺治九年（1652）二月，朝廷下诏，任命孔衍桢为世袭翰林院五经博士，令其承担起南宗家庙祭祀主鬯的职责。另外还答应了孔衍桢的请求：衢州翰林院五经博士亦遵循三年入觐之例，赴京贺万寿节。

清康熙十三年（1674），为平定三藩之乱，兵部侍郎、总督浙江军务李之芳率部驻扎衢州。由于李之芳的支持，孔衍桢募捐重修了孔氏家庙。李之芳写下了一篇弥足珍贵的《衢州重修孔氏家庙记》。康熙二十三年（1684），孔衍桢前往曲阜，以恭迎康熙皇帝圣驾，摹写了康熙手书"万世师表"字样，制作匾额，悬挂于衢州孔氏家庙大成殿檐下。康熙三十四年（1695）春，孔衍桢前往广东顺德，探视迁徙当地的南宗宗亲，并出具证明，解决了当地孔氏宗亲优免差役等问题。

康熙三十七年（1698）六月十四日，孔衍桢病逝。

孔兴燫

孔兴燫（1658—1713），字北衢，孔衍桢之次子，孔子六十六世嫡长孙，西安县学增广生。

孔衍桢长子孔兴灿，于清康熙十一年（1672）八月二十一日病故。孔兴灿之子孔毓培，于康熙二十九年（1690）七月去世。孔兴灿之孙、孔毓培之子孔传钟，于康熙三十八年（1699）十月初十承袭翰林院五经博士之职，时年十一岁，康熙四十年（1701）正月初六病故，无嗣。鉴于此，依据宗法，作为嫡次子的孔兴爆才成为孔子六十六世嫡长孙。

清康熙四十一年（1702）十月二十日，孔兴爆承袭了翰林院五经博士之职，担负起衢州孔氏家庙祭祀主的责任。康熙五十二年（1713）正月二十四，孔兴爆起程觐见圣驾，庆贺万寿节。不料，在行至杭州时因重病难行，只好留在杭州孔氏南宗管理的万松书院治病。然而病魔难祛，当年二月十五日，孔兴爆病逝于杭州，棺椁暂厝于万松书院太和庵。直至孔子六十八世嫡长孙孔传锦时，方安葬于万松书院孔家山墓地。

孔毓垣

孔毓垣（1693—1734），字东安，孔兴爆之子，孔子六十七世嫡长孙。

清康熙五十三年（1714）二月十二日，孔毓垣承袭世职，担任孔氏南宗家庙祭祀主之职。康熙五十九年（1720），浙江巡抚朱轼来衢，孔毓垣与之商谈祭祀之事，朱轼指示西安县为孔氏家庙划拨祭田三十亩。次年，金衢严道指示，又在相连之处增拨三十亩田地。这新增的六十亩祭田，解决了孔氏一族祭祀费用捉襟见肘的问题。同年，依曲阜四氏学乡试耳字号例，题准浙江衢州府西安县孔氏后裔，每学政按试，于正额外先行广额进儒童入学两名，号为"无孔不开榜"。康熙六十年（1721），孔毓垣赴京觐见康熙皇帝，祝贺并参加了万寿节。

清雍正元年（1723）六月二十二日，雍正皇帝颁诏，封孔子先世五代木金父、祈父、防叔、伯夏、叔梁纥为王。孔毓垣改衢州孔氏家庙东轴线上的崇圣祠为五王祠，并举行了盛大的祭祀仪式。雍正十二年（1734）五月二十二日，病入膏肓的孔毓垣向曲阜衍圣公报告，要求嫡长子孔传锦承袭世职，以使家庙祭祀不致旷官缺典，以光俎豆。报告刚送出六天，孔毓垣去世。

孔传锦

孔传锦（1722—1785），字宫锡，号杏霞，孔毓垣之子，孔子六十八世嫡长孙。

清雍正十三年（1735）七月二十一日，孔传锦承袭了翰林院五经博士之世职，担任孔氏南宗家庙祭祀之主鬯一职。

清乾隆六年（1741）秋，孔传锦通过承袭翰林院五经博士的考试，乾隆诏孔传锦在翰林院五经博士的品级上加三级。归衢途中，到曲阜拜谒林庙。乾隆十三年（1748）二月，孔传锦到曲阜参加迎接乾隆"溯洙泗、陟杏坛、瞻仰宫墙、申景行之夙志"的曲阜之行。并撰写《阙里部祀恭纪》之文，详细地记录了乾隆的活动。同年四月二十二日，孔传锦陪同衍圣公孔昭焕向皇帝呈表谢恩，并献上《纪恩八咏》诗。在曲阜期间，孔传锦还向衍圣公提出增加孔氏南宗家庙及南宗所辖书院奉祀生的要求，衍圣公一一照办。乾隆十六年（1751），皇帝南巡至杭州，在巡视孔氏南宗掌管祭祀的万松岭敷文书院时，孔传锦迎驾陪巡。此时，孔传锦的职衔已经是翰林院五经博士加四级。乾隆二十六年（1761）三月二十四日，孔传锦向散居江南各地的孔氏族人发出了呈送历代世系图册的通知，以便更好地掌握孔氏南宗的衍生情况。乾隆三十六年（1771），孔传锦再一次前往曲阜，恭迎圣驾。乾隆三十九年（1774）十月，孔传锦向孔氏南宗各支派发出通知，准备纂修孔氏南宗谱。乾隆四十三年（1778），孔传锦修葺家庙的请求被批准，朝廷拨银修葺了孔氏家庙。孔传锦为家庙补建了"德侔天地"、"道冠古今"两个石坊。乾隆五十年（1785）春，皇帝举办临雍大典，孔传锦率部分孔氏族人进京参加，被特命由文林郎晋阶为奉政大夫。归途中，孔传锦身患急病，不幸在山东济南府平原县桃源驿旅邸逝世。其子孔继涛等人扶其灵柩，于当年五月初十回到衢州。

孔继涛

孔继涛（1742—1789），字晋三，原名继汤，孔传锦之子，孔子六十九世嫡长孙。

孔传锦去世，按当时的规制，亲子必须守制二十七个月。孔继涛守制时满，已经是乾隆五十二年（1787）六月。因为应袭翰林院五经博士的是孔继涛，各级官府及衍圣公府皆按程序报告朝廷，请求准予其承袭翰林院五经博士之职。然而，因劳累过度，孔继涛于乾隆五十四年（1789）闰五月十二，撒手人寰。

孔广杓

孔广杓（1765—1815），字衡观，号太占，孔继涛之子，孔子七十世嫡长孙。

因接连为父亲、祖母守制，直到清嘉庆元年（1796）三月，孔广杓才正式承袭了翰林院五经博士之世职。不过，在未承袭翰林院五经博士之前，因为孔广杓是应袭翰林院五经博士，故一直以祭祀主鬯的身份管理衢州孔氏家庙，执掌祭祀活动。

嘉庆三年（1798）二月，孔广杓率南宗族人赴京参加了皇帝的临雍大典。在此之前，先到曲阜祭奠了圣祖孔子，会见了衍圣公等曲阜族人。回到衢州，孔广杓又通过朝廷礼部，收回了被无赖族人盗卖的祭田，并将"仁义礼智信"五支分散管理的祭田收归博士署统一管辖。嘉庆十四年（1809）秋，孔广杓率领衢州族人，途径曲阜，进京参加祝贺皇帝五十五岁的万寿节。

嘉庆二十年（1815）端午节，卧病在床的孔广杓去世。

孔昭烜

孔昭烜（1793—1833），字亘青，孔广杓之子，孔子七十一世嫡长孙。

清嘉庆二十三年（1818）六月，孔昭烜为父亲服丧期满，要求袭职。次年三月，离开衢州，赴京参加礼部的袭职考试。嘉庆二十四年（1819）十一月，正式承袭了翰林院五经博士之世职，成为衢州孔氏家庙名副其实的祭祀主祀人。

清道光元年（1821）十二月，应孔昭烜之请求，衢州知府带头捐款，全城官佐、所辖五县纷纷捐献银粮、木材、砖瓦，修葺孔氏家庙。道光三年（1823）四月，家庙竣工。随即举行了由孔昭烜主祀的祭祀大典。前来参加祭祀的浙江巡抚帅承瀛为此撰写了《清道光重修衢州孔氏家庙记》。同年，孔昭烜带领南宗族人，赴京参加了临雍大典。

道光十三年（1833）六月初二，孔昭烜病故。

孔宪坤、孔宪堂

孔昭烜生有二子，长子孔宪坤（1814—1839），字静一；次子孔宪堂（1823—1855），字笏士。兄弟二人分别为孔子七十二世嫡长孙和嫡次孙。

清道光十三年十二月二十一日，礼部下文传达圣旨："准其（孔宪坤）暂行注册主奉祀事，俟给咨赴部考试后再行提请承袭可也。"孔宪坤由此成为南宗家庙的主祀人。道光十九年（1839）七月二十八日，孔宪坤收到了朝廷颁发的准予承袭翰林院五经博士的官凭，真正地承袭了这一孔氏世职。然而，在当年八月二十二日，任职翰林院五经博士不足一月的孔宪坤不幸病故。

根据宗法，嫡长子无子，兄终弟继，弟生子后再过继给兄，以延续兄之血脉。因此，孔宪坤去世后，弟弟孔宪堂就代袭了兄长的世职。但孔宪堂连礼部的考试都未参加，却于清咸丰五年（1855）十月十七日病逝。

由于孔宪坤、孔宪堂两兄弟均无子，衢州孔氏需要寻找昭穆相当之人过继给孔宪坤，承袭翰林院五经博士之世职。

孔庆仪

孔庆仪（1864—1924），字寿篯，号肖铿，孔子七十三世嫡长孙。

徐映璞所著《孔氏南宗考略》云："庆仪，宪型子，广槐曾孙。幼孤，母毕氏抚育。先是世袭翰林院博士、从堂伯宪坤卒，无子，弟宪堂代理，卒，复无子。族议，以南宗主鬯未可虚悬。时巡抚左宗棠莅衢，查核谱系，以昭穆相当，次入奏，得袭世职。"据此可知，因为孔宪坤、孔宪堂均无子，只有从昭穆相当的堂兄弟中找到合适的下一代过继给孔宪坤做儿子，以继承嫡长孙的血脉。

由于左宗棠对衢州孔氏的特别关照，当地的官绅也格外地关心起孔庆仪来。

清同治八年（1869），金衢严道台拨钱三千串，为孔氏家庙的家塾购置田地塘税一百九十六亩。浙江学政将龙游荒田两千亩拨给孔氏家庙，又把一千六百亩拨给孔氏户，以资助孔氏困难人家。

孔子七十三世嫡长孙孔庆仪塑像，安放在南孔家庙东庑

清光绪七年（1881），金衢严道台应孔庆仪之请，动用治内各县的财力，对衢州孔氏家庙进行了大规模的修葺。经过一年时间的施工，家庙修葺一新。光绪八年（1882），由十八岁的孔庆仪担任主邑人，孔氏家庙举行了盛大的祭祀大典。光绪二十八年（1902），在衢州知府的帮助下，孔庆仪再次对孔氏家庙进行了整修。也就在这一年，孔庆仪把孔氏家塾改为孔氏中学堂，招收旁姓孩童入学，采用新式方法开设课程，进行教学。后又先后易名为两等小学堂、孔氏完全小学，即今天衢州市尼山小学的前身。

民国建立之初，孔庆仪被选为衢县民事长。省政府委任其为台州太平县（今浙江温岭）知事。民国2年（1913）2月，袁世凯以大总统的身份颁布了《崇圣典例》。据此，孔庆仪所担任的翰林院五经博士被改为大成至圣先师南宗奉祀官。虽名称有异，但孔庆仪依然是孔氏南宗家庙祭祀孔子的主邑人。

民国13年（1924）1月21日，孔庆仪与世长辞。

孔繁豪

孔繁豪（1891—1944），字孟雄，孔宪坤之长孙，孔庆仪之长子，孔子七十四世嫡长孙。

清光绪三十二年（1906），孔繁豪留学日本早稻田大学，师范科卒业。

民国13年（1924），孔繁豪承袭了大成至圣先师南宗奉祀官这一祭祀主鬯的世职。任职之初,坐落于龙游的一千多亩祭田为龙游县教育局所使用,孔繁豪将此事告知国民政府,内务部明确表态,位于龙游的孔氏田地山塘依然归衢县孔氏所有,不得以任何理由侵吞。民国16年（1927）1月,国民革命军讨伐孙传芳路过衢州,孔繁豪参加军事支应处,组织孔氏族人,参与运送弹药粮草、抢救伤员、搭建浮桥等工作,发起建造"国民革命军东路军北伐纪念碑"。民国28年（1939）5月,国民政府为保护南宋初年孔端友南渡所携的"孔子及亓官夫人楷木像"等国家珍宝,电令浙江省政府速令孔繁豪护送楷木像离开衢州,择地供奉祭祀。浙江省政府决定,派兵护送孔繁豪前往龙泉、庆元山区躲避日寇。

民国33年（1944）10月12日,孔繁豪病逝于庆元县大济村。孔繁豪无子,去世前留下了遗嘱:

　　余病垂危,恐将不起,回念膝下又虚,无以为继。古训之:不孝有三,无后为大。幸胞弟繁英所生二子。兹特指定其长子祥楷承继于予,承袭奉祀,则予在九泉之下亦瞑目矣。此嘱。

[贰]代表性传承人

孔祥楷（1938—　），字子摹,孔子七十五世嫡长孙。

因为孔繁豪没有子嗣,孔繁豪的母亲,即孔祥楷的祖母,从孔祥楷出生那天起，就很宠爱这个孙子，也许在那时，祖母已经有了把孔祥楷过继给自己的长子孔繁豪的打算。故而，祖母十分注重对幼小的孔祥楷进行必要的熏陶，把他送到尼姑庵中学打坐，学大楷，以便使其静心。

民国32年（1943）阴历八月二十七，虽然大成至圣先师南宋奉祀官孔繁豪因躲避日寇而远在庆元，孔氏南宗家庙仍然举行了盛大的祭祀典礼。这是孔祥楷出生以来，以孔氏后裔男丁的身份参加的第一次祭祀仪式。在身着长袍的耆宿和身着中山装的官宦、身着戎装的军人们中间，孔祥楷第一次知道了孔氏南宗的祭祀方式。

1949年时的孔祥楷

民国33年（1944），孔祥楷被孔繁豪指定为承袭大成至圣先师南宗奉祀官，但由于家族内部的纷争，直到民国37年（1948）5月，国民政府内政部才颁文确定孔祥楷为大成至圣先师南宗奉祀官。

民国35年（1946）阴历

八月十七, 孔氏南宗府以大成至圣先师南宗奉祀官孔祥楷的名义, 致电国民政府内政部: "圣祖楷像于前军事严重时, 奉行政院令, 迁避庆元。现在抗战结束, 地方安宁, 理应迎护回衢, 以资供奉。拟于本年八月圣祖诞辰到达衢州, 恭行还庙典礼。" 为此, 要求国民政府内政部 "敬请饬知当地军政机关妥为保护, 以资慎重"。电文的落款是 "大成至圣先师南宗应袭奉祀官孔祥楷"。同年阴历八月二十六, "孔子及亓官夫人楷木像" 在数名军人的护送下, 安全送抵衢县。次日, 南宗孔氏家庙举行了盛大的圣像还庙祭祀典礼。孔祥楷作为法定的主酋人, 在祭祀大典之后, 以大成至圣先师南宗奉祀官的名义, 向国民政府内政部呈文报告圣像还庙及祭祀大典的经过, 并提出 "圣楷关系国家文献, 至为重大。敬乞饬知当地政府妥为保护, 以防意外" 的要求。

民国36年(1947)阴历八月二十七, 孔氏南宗家庙举行了孔子诞生2498周年祭奠。因年幼, 孔祥楷的奉祀官

1948年, 孔祥楷为《孔氏南宗考略》所写的题款

的职责由其监护人代替。

民国37年（1948）春，奉祀官府特请地方宿儒徐映璞撰写、南宗圣裔孔繁英参订的《孔氏南宗考略》书稿付梓，年方十岁的奉祀官孔祥楷为该书题款"功深数典"。同年阴历八月二十七，孔氏南宗家庙举行祭祀仪式。奉祀官府恭请当时的绥靖公署主任汤恩伯担任正献官，衢县县长等知名人士担任分献官，各机关法团首长担任陪祭，仪式甚为隆重。在这次祭祀大典时，孔祥楷已经被国民政府批准，正式承袭大成至圣先师南宗奉祀官。不过，有关祭祀的繁杂事务，仍由他的监护人——父亲孔繁英承担。这次祭祀，是民国时期最后一次祭祀孔子，年幼的孔祥楷自始至终参与其中，对祭祀仪式的整个流程，主祭、陪祭、礼生等各种人物所承担的职责都有了更深的了解。

民国38年（1949）1月，寓居浙江萧山临浦的孔昭衡，携带已经纂修完稿的《南宗孔氏萧山支谱》，和几位族人来到衢州，请奉祀官府审定这一谱牒。应他们的要求，孔祥楷与他们共进晚餐，赠送照片一帧，并答应为该谱作序。同年五月，出版成书的《南宗孔氏萧山支谱》，首篇就是署名为"大成至圣先师南宗奉祀官、七十五世孙孔祥楷"所撰写的《南宗萧山孔氏支谱序》。这是孔祥楷以大成至圣先师南宗奉祀官的身份为南宗支派书写的第一篇谱序。

1949年，中华人民共和国成立。衢州这座古老的城池发生了翻天覆地的变革,从南宋初期延续下来的奉祀官府,同样也面临着变革。南宗孔氏所享受的一切优免赋税、承袭世职,都随着旧制度的结束而烟消云散。在国家命运发生大变化的几年中,孔祥楷的父亲离开了人世;祭田、庙产、学田被收归公有;疼爱他的祖母去世;母亲为了生计,把襁褓中的女儿忍痛送给了一家农户,领着孔祥楷的三个弟弟、一个妹妹,回到了自己的宁波娘家。此时,孔祥楷已经在衢州学校读书。

由于政府的关心,亲友们的关爱,1956年8月,在衢州读完高中课程的孔祥楷远赴陕西西安,就读于西安建筑工程学院。

1960年,孔祥楷大学毕业,被分配到河北省承德市的寿王坟铜矿工作。孔祥楷在寿王坟铜矿工作了整整五个年头,从一个初出茅庐的大学毕业生,成为了独当一面的技术干部,而且成了家,有了两个孩子。

1965年冬天,位于河北迁西县的金厂峪金矿扩建,需要大批的技术干部。冶金部决定,抽调寿王坟铜矿的技术骨干前往支援。孔祥楷是被抽调的技术人员之一。就这样,孔祥楷携家带口来到了金厂峪金矿。孔祥楷在金厂峪金矿一待就是二十多年,从技术员到基建科副科长,到副矿长,再到行政副厅级的矿长。这位孔子七十五世嫡长孙、末代奉祀官,把自己的青春年华都奉献给了在燕山山脉深处的金厂峪金矿,为金矿的发展做出了自己的贡献。

1989年10月，冶金部一纸调令，把孔祥楷从大山深处调到了繁华热闹的大城市沈阳，担任沈阳黄金学院的副院长。孔祥楷喜爱学校的工作。他的祖辈，自从迁徙到浙江衢州之后，就有不少人从事教育工作。他们办书院、编教材、当山长、做教授、任教谕、任提举等，都在衍圣弘道、化育人才。正当孔祥楷踌躇满志地从事专业人才的培养时，故乡衢州市的党政领导已经商讨过多次，要请他回归故里、重掌家庙，以打响"衢州孔氏南宗"和"衢州孔氏南宗家庙"这两张牌子。

1993年仲春，经过中共衢州市委与冶金部、中国黄金总公司的多次协商，并征得其本人的同意，孔祥楷终于回到阔别三十七年的故乡衢州。孔祥楷知道，以他的特殊身份，必将肩负起扩大衢州影响、效力家乡建设、中兴孔氏南宗的使命。因为孔祥楷的职级是副厅级，照例应该是省管干部，可他是因为衢州的需要、而由衢州市委自行引进的干部，故而暂时只能由衢州市委安排他的职务。经过商议，衢州市委令其暂以市长助理的身份，主抓以复建孔氏南宗家庙为核心的历史文化名城建设的工作。当年年底，又任命他为中共衢州市委统战部部长、市政协党组成员。1995年春，经浙江省委同意，在衢州市政协二届一次会议上，孔祥楷被选为市政协副主席，仍兼任市委统战部部长。

2000年4月，根据中共衢州市委的安排，孔祥楷从政协副主席的职位上退下来,专职担任孔氏南宗家庙管理委员会主任。

现在的孔氏南宗家庙,系明正德十五年(1520)朝廷拨款修建,历明、清、民国至今,已有近五百年历史。其间,大小修茸不下二十余次。1998年复建家庙西轴线、孔府、孔府花园,以及恩官祠、五王祠等,于2000年5月竣工。作为孔管会主任,孔祥楷接收的是刚刚重建的,包括十余座殿堂、府宅、花园在内的庞大建筑群,但整座庙堂还是空荡荡的。但没过多久,在他的主持下,整个家庙就呈现出了崭新的面貌。但他并不满足于此,他要的是充满活力的庙堂,他要弘扬以圣祖孔子为代表的儒家思想,以此向广大来访者传递出衢州作为国家级历史文化名城的厚重的文化氛围。

为了弘扬儒家优秀文化,孔祥楷把视线延伸到衢州市的大中小学。他在衢州学院开设"文化欣赏课",把成千册的《论语》读本送到小学,把十余尊孔子雕像送给附近的中小学,制作了上万盒《论语章句》铅笔送给各个小学,主持小学生《论语》学讲赛,开办弘扬传统美德的校园剧比赛和读《论语》正反双方辩论赛……

在家塾,孔祥楷开办以诵读《论语》为主题的少儿读经班,以学习围棋为目的的孔府棋社。在五支祠中,"老百姓"摄影展和书画展,每年都与广大市民见面。

与此同时,孔祥楷主持的衢州市孔子学术研究会和孔府画社、乐队、摄影社、剧社、诗社先后成立,纷纷开展了相应的活动。

　　孔祥楷和寓居南方各地的孔氏族人有着广泛而密切的联系。2009年3月，钱塘孔氏合族家长孔宪增曾有信札呈送七十五世嫡长孙孔祥楷，其札云：

宗主大人垂鉴：

　　南宗钱塘孔氏系出圣祖四十八世孙端秉公次子，南渡长江，定居于西安（今衢州柯城区）之菱湖，历四世，迁居杭州定南。南宗钱塘孔氏人才辈出，其中一品二人、二品一人，亦多次随南宗宗主上京面圣。乾隆帝南巡于钱塘，我钱塘孔氏亦接驾两次。现我钱塘孔氏正续修《钱塘孔氏宗谱》，合端秉公后人、端思公部分后人、若古公部分后人于一谱，是为防止此二公钱塘后人断续。特禀于宗主大人。诚惶诚恐，雷霆不惧，恭请宗主大人赐题钱塘孔氏谱序，以励族人而垂之万世。亦恳请宗主大人于闲暇之际，驾临钱塘孔氏聚居地，此于我等乃莫大之恩惠。我等必将扫径设案恭迎。

钱塘孔氏合族家长宪增敬秉

孔祥楷收悉此札，当即复函云：

钱塘支族长宪增公：

　　大函收悉。钱塘族人齐心续修宗谱，可敬可赞。社会发展至今日，生活中的一切，包括修谱牒一事，都应该有今日社会的合理思维。遵此原则，方可少过弯路，亦方能上对祖宗、后垂来者。所嘱之事，当尽量实现。

　　顺致春安！

祥楷

2009.3.23

　　从上面两封信札中可以看出寓居在衢州之外的孔氏族人对嫡长孙孔祥楷的尊敬，以及作为孔子七十五世嫡长孙的孔祥楷对族人语重心长的要求。

　　孔祥楷的最大心愿是要继续中断了五十多年的在孔子诞辰这一天举行的祭祀仪式。的确，作为大成至圣先师南宗奉祀官、祭祀的主礿人，他的主要职责就是主持和传承对孔子这位至圣先师、中华民族思想界伟大的先行者的祭祀。

　　自2002年下半年开始，孔祥楷把他的全部精力都放在筹备2004年9月28日这新中国成立后衢州的首次祭祀孔子的典礼上。其间，孔祥楷请徐寿昌协助他查阅史料，亲自创作了反映孔端友"扈跸南渡"至"权以州学为家庙"这一历史的话剧剧本《大宗南渡》，并兼任导演；还请诗人崔铭先创作了大合唱组诗《东南阙里》，并亲自创作乐谱；又为《大同颂》谱曲。此外，安排祭祀活动和纪念晚会的流程，设计祭祀典礼的请柬与纪念品，献礼、进香，以及鼓乐的穿插……他事无巨细，详细询问，然后拍板，使整个筹备工作基本上做到有条不紊。

2003年7月2日，"2004年孔子文化节领导小组"正式成立，时任衢州市委副书记陈荣任组长，时任副市长高启华、孔管会主任孔祥楷任副组长，时任市政府副秘书长郭建农任办公室主任，时任文化局副局长王建华任办公室副主任。郭建农即日开始在孔府办公。

至2003年年底，孔氏南宗家庙的"硬件"设施基本配置完成。比如，委托苏州加工的全套祭器、乐器，于2002年9月23日运到，并在大成殿安放；孔氏先祖六尊塑像，于2002年年底在家庙东庑就位；作为"祭祀典礼"纪念品之一的《孔氏南宗史料》亦已结集印毕（宣纸印刷，线装，一函八册）。至2004年8月，祭祀典礼的一切事宜，都已筹备就绪。

在孔祥楷的不懈努力下，孔氏南宗祭祀孔子的仪式在继承古例的同时，又有了新的、合理的改进。2004年9月28日孔子诞辰2555周年这天，在衢州市人民政府的大力支持下，在孔祥楷等的精心策划、认真准备之下，恢复了已中断半个多世纪的孔氏南宗家庙祭祀大典。

正因为孔祥楷的努力，在21世纪初，浙江省人民政府授予他"非物质文化遗产衢州南孔祭典代表性传承人"的称号。

2012年，西泠印社著名篆刻家余正为孔祥楷刻了一方章，其边款是这样写的：

祥楷先生，至圣先师七十五代嫡长孙，当世南宗孔庙掌擘也。博学多才，处俗有情，智仁旷达，风雨不惊。天地不仁，生而至苦，能顺时应命，进退有序。善待己而助于人，乐逍遥以解烦忧，放眼惟祥楷先生当之矣。冬暖日灼，作此印赞之。

壬辰岁除余正并记于西泠

五、衢州南孔祭典的保护与弘扬

对待传统文化，既要传承弘扬，更要推陈出新，时代在变，祭祀方式应该有所进步，不断注入新的活力，体现出与时俱进。衢州南孔祭奠以『当代人祭祀孔子』为原则，通过祭祀孔子，弘扬孔子的思想、儒家的道德，传承中华民族优秀的传统文化，并使之发扬光大。

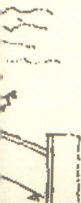

五、衢州南孔祭典的保护与弘扬

　　对待传统文化，既要传承弘扬，更要推陈出新，时代在变，祭祀方式应该有所进步，不断注入新的活力，体现出与时俱进。衢州南孔祭奠以"当代人祭祀孔子"为原则，通过祭祀孔子，弘扬孔子的思想、儒家的道德，传承中华民族优秀的传统文化，并使之发扬光大。

[壹]保护措施

　　在孔祥楷的主持下，整个家庙呈现出了崭新的面貌。中轴线上的庙门、大成门、大成殿及东西两侧的圣泽楼、思鲁阁，东西两庑的门窗庭柱、悬挂的匾额楹联，全部油漆一新；东庑矗立起孔氏中兴祖孔仁玉，南渡孔氏族长孔传，南渡始祖、衍圣公孔端友以及孔洙、孔彦绳、孔庆仪等衢州孔氏代表人物的塑像；西庑沿墙嵌进了记述衢州孔氏历史的石刻图文。西轴线上的五支祠、袭封祠、六代公爵祠全都新制了匾额，供奉起南渡始祖孔端友的木雕胸像，二十七代嫡长孙的画像分别悬挂于各祠。家庙西侧的孔府，大门上方悬挂起孔祥楷亲自书写的"孔府"匾额和清朝大学士纪晓岚撰写的楹联，大门西侧一块巨大的石头上刻了孔祥楷书写的"过庭"二字，西面沿墙做起了长长的碑廊，镶嵌了七十多幅石刻《圣迹图》；大门后二进的大堂、三进的花厅、四进的内宅，都有相应的匾额和楹联。后花园里的亭台阁榭，亦分别冠名并悬挂起情景交融的楹联。随后不久，又恢复了东轴线上的原有建筑。最南端的是两大间各四楹三开间的孔氏家塾；二进是孔氏南宗家庙所特有的恩官祠，祠内有被孔氏族人祭祀的，或站或坐的，有恩于衢州孔氏的历代官员的塑像；三进，首先是巍峨高大的崇圣门，进门则是祭祀被雍正皇帝追封为王的孔子的五世先祖的五王祠。此外，各座庭院里都种植了桂花、香泡等，沿墙种植了葡萄、藤萝。整座家庙被装点得既庄严肃穆，又生机勃勃。

孔氏南宗家庙正门

20世纪末，进行了孔氏南宗家庙的整体复建工作。

21世纪初，在家庙中轴线上，制作历代嫡长孙的塑像，并把它们安放在东庑；制作孔氏南宗历史砖雕，并在西庑布展；在家庙东轴线上，恢复五王祠内的供奉牌位；制作恩官祠内数位有功于孔氏南宗的官员的塑像。

[贰]传承弘扬

1. 普及儒学文化

（1）设计门类繁多的纪念品

设计了门类繁多的纪念品，并摆满于礼品部的柜台橱窗。其中，

孔祥楷在衢州学院授课

有宣纸印制的《论语》、《孟子》、《中庸》、《大学》等圣贤典籍,有分别采用金、银、铜材质制作的大小不一的《大同篇》微雕、孔子圣像、祭祀大典纪念章,有青铜制作的祭器、礼器模型,还有读书人使用的笔墨纸砚……琳琅满目,熠熠生辉。

(2) 成立被称为内设机构的各种松散型团体

成立被称为内设机构的各种松散型团体。其中,有吹拉弹唱舞的孔府艺术团,有浓墨重彩的孔府书画院,有专事篆刻的孔府印社,有镜头对着老百姓的孔府摄影社,有讴歌历史文化名城的孔府诗社,有歌颂社会主义新时代的孔府文学社……名称各异,精彩纷呈。

(3) 成立每周集中半天的孔府读经班、孔府棋社

专门招收小学三四年级的学生,成立每周集中半天的孔府读经班、孔府棋社。读经班纯粹读经,教材就是儒家经典之首的《论语》。读经班有专门的教师,只负责领读,不作讲解。用孔祥楷的话说,就是"书读百遍、其义自现;只要背熟,可用百年"。

(4) 在中小学开展学习《论语》的活动

在常山、开化、衢江、柯城、龙游等县(区)的许多中小学开展学习《论语》的活动。作为祭祀孔子的预热项目,每年在9月28日孔子诞辰日之前,举行中小学生学习《论语》的朗诵比赛、正反双方的辩论赛、演讲赛。同时,还开创了以校园生活为题材、各中学自编自演的校园剧比赛;制作了十六尊高大庄重的孔子立像,使之矗立在

有关中小学的校园内。

为了更好地普及儒家经典，孔祥楷自告奋勇地为衢州学院的大学生开了"文化漫谈"这门课，讲授中国传统文化的精华，弘扬中华民族优秀的传统道德。

(5) 外出访问讲学，宣传衢州，宣传延续数千年的儒家思想

孔祥楷到曲阜，上北京，去上海，赴台湾，还到日本、韩国，他讲演，他宣传，儒家文化是他一切言行的准则。所到之处都可以看到他那不知疲倦的身影，听到他那洪亮的嗓音。历史学家徐寿昌先生在《魅力》一文中，记述了孔祥楷的日本之行：

2005年孟春，一份来自日中经济贸易中心及《论语》普及会的精美请柬，令以思维敏捷著称的孔公祥楷陷入沉沉思考。

三年前，日本《论语》普及会诸君，在年高德劭的伊与田学监的率领下，访问中国。他们在浙江大学访问时获悉：衢州不仅有孔氏嫡派，有保持宋时规制的孔氏南宗家庙，而且其管委会主任就是孔子七十五世嫡长孙、大成至圣先师南宗奉祀官孔祥楷先生。这对于只知道有山东曲阜孔氏、殊少知道有浙江衢州之孔氏的日本学者来说，无异于新大陆的发现！遂立马前来衢州访问孔氏南宗家庙，拜访孔公祥楷，并诚挚地邀请孔公回访日本《论语》普及会。此后两年间，日本《论语》普及会的成员分批多次造访孔氏南宗家庙，携来他们培育的楷树苗栽到家庙的孔园里，并再三邀请孔公访日。对此，孔公均以婉言谢之。

当孔公从沉思中回到现实时，这位"立于礼、成于乐"的长者，不得不做出以衢州孔子学术研究会的名义赴日回访暨学术交流的决定……

5月31日下午，孔公祥楷一行四人从上海浦东机场登机飞抵日本大阪时，《论语》普及会代表村下好伴等七位先生、女士，高举"热烈欢迎孔子第七十五世直孙孔祥楷先生"的横幅，在关西机场出口处欢迎孔公一行，并在候机大厅前合影留念。至6月4日下午，孔公一行圆满结束访日活动，踏上归程时，九十高龄的伊与田学监夫妇等九位日

2011年，孔祥楷被韩国国立忠南大学授予名誉博士

本学者，又在大阪关西机场频频挥手，目送孔公等出关、飞返上海浦东国际机场。孔公一行访日暨学术交流，历时5天。

根据徐寿昌先生的记述，孔祥楷在日本一共做了三次讲演。孔祥楷用他深邃新颖的认识、妙趣横生的口才和侃侃而谈的风度，使日本学者折服，被称为"来日本讲演者中之佼佼者"。

2. 确定"当代人祭祀孔子"的祭祀原则

在2001年岁末，将要回沈阳过春节的前夕，孔祥楷找到时任衢州市政协主席的童效武先生，与他讨论了祭孔之事。关于此事，童效武先生在他的《兄长祥楷》中这样写道：

记得有一天，他来辞行，虽是闲谈，但他神情端凝，显然是经过深思熟虑、有备而来。他认为现在形势好，恢复祭孔正逢其时，建议在孔子诞辰2555周年之际，举行祭祀大典。这也是我多年来经常思考的问题，殊不知祥楷已经形成大体的设想。他谈到祭孔活动可以搞成三个单元，其一为祭祀大典，其二为儒学论坛（当时国内冠以论坛名的学术研讨活动方兴未艾），其三为艺术晚会。三者有分有合，互为呼应。我们对后面两个议题简单议过，我表示赞同，也提了几条参考意见。

关于祭祀大典，核心是形式创新与否，即解决一个"怎么祭"、或者说是"谁祭"的问题。他说自他记事起，每次祭孔参加者也并非都穿着古装，而是时下流行的服饰，军人仍着戎装，其他人则多为中山装，行的也是鞠躬而非三叩六拜。他认为每个朝代、每个时期的祭祀活动都带有鲜明的时代特色和特定的时代内容，我们共产党人更应本着实事求是的态度。对待传统文化，既要传承弘扬，更要推陈出新，体现与时俱进。应以"当代人祭孔"为宜。总之，时代在变，祭祀方式应该有所进步，不断注入新的活力。

衢州市政府采纳孔祥楷的建议，决定开办国际孔子文化节。在此后的两年里，孔祥楷就全身心地投入到祭祀大典的准备工作之中了。

2002年，衢州市委书记和孔氏南宗家庙管理委员会主任、孔子七十五世嫡长孙、曾经在国民政府期间担任过大成至圣先师南宗奉祀官的孔祥楷商讨举办祭祀典礼事宜。孔祥楷建议祭祀典礼放在2004年孔子诞辰日。2004年9月28日是孔子诞生2555周年，因为中国百姓比较讲究逢五逢十的年头纪念先祖。市委书记同意了，并特意关照孔祥楷，请他多思考和关注祭祀孔子的事情。

2002年，为了统一对"当代人祭祀孔子"的认识，孔祥楷连着开了很多座谈会，参加者有学术界人士、教育界人士、新闻界人士、人大代表、政协委员、民间人士等，请大家畅谈新中国成立后恢复纪念

孔子的典礼应该怎么搞，"当代人祭祀孔子"这个想法对不对。有人谈到曲阜的祭孔典礼；有人谈到祭轩辕黄帝的典礼；有人谈到绍兴祭大禹的典礼；甚至还有人谈到杭州曾经举行过的在钱王祠祭钱镠的仿古形式。但在孔祥楷阐述了打算、贯彻"当代人祭祀孔子"原则的理由后，座谈会上就很少有人再提"仿古"的建议了。

"当代人祭祀孔子"的思路，很快得到了衢州市委、市政府领导的认同。他们还将祭祀典礼大大小小的有关决策权，交给了孔祥楷。

2002年12月29日晚，时任中共浙江省委副书记、代省长习近平视察孔氏南宗家庙，听取孔祥楷关于孔氏南宗历史与家庙西轴线复建的汇报，并对他介绍的将于2004年孔子2555周年诞辰时以"当代人祭祀孔子"的思路，予以肯定。

2003年10月16日，时任中国孔子基金会常务副会长刘蔚华考察孔氏南宗家庙时，对孔祥楷汇报的"当代人祭祀孔子"的思路，亦表赞同。

3. 与时俱进的衢州南孔祭奠

(1) 祭祀孔子的时间确定为孔子诞辰之日

按照古礼，每年祭祀孔子是四大丁祭、四中丁祭、八小祭、二十四节气祭，还有每月初一、十五的祭拜。次数多，程序繁杂。恢复祭祀，不应照搬古时，只要心诚，祭祀仪式的多寡是次要的。故而，经商议后确定，每年9月28日是孔子的诞辰之日，为衢州孔氏家庙祭祀孔子的日子。每年只在这一日祭祀，不再安排其他日子的祭祀活动。

(2) 删除孔子木主牌上的"神"字

作为无神论者、共产党员的孔祥楷，一直在思考：大成殿孔子塑像前历史沿袭的那块木主牌上所写的"大成至圣先师之神位"，这样的写法是否合适？称孔子为"神"是否合理？孔祥楷和几位专家一起来到大成殿，他认为，孔子从来就是人，是一位德高望重的哲人，而不是神！要把自己的老祖宗从神坛上请下来。这一见解得到了专家的认同和赞许。于是，孔祥楷立即着手更换了旧木主牌，新木主牌上，用庄重的楷体写上"大成至圣先师之位"。

(3) 确定参祭人员的服饰和行礼方式

主祭、陪祭和参与祭祀人员的服饰，究竟是古装还是时装？特别是向孔子进香、奉献祭品的礼生应该如何着装？当时，国内不少祭祀活动，如曲阜祭祀孔子、随州祭祀炎帝、河南祭祀黄帝、绍兴祭祀大禹，礼生都是着古装、走古步、行古礼。孔祥楷认为，自南宋以来，衢州孔氏祭祀圣祖，都是着时装、行时礼，并不强调必须三跪九叩。思谋良久，孔祥楷决定：衢州孔氏南宗家庙祭祀孔子，参与人员一律着整洁的正装，即中山装、西装；脚穿皮鞋、布鞋，不准穿凉鞋、拖鞋；向圣像行鞠躬礼，不行跪拜之礼。

(4) 确定参与祭祀人员的名称和数量

古时，参与祭祀仪式的人员有主祭、陪祭、献生、礼生、赞生、乐生、舞生等，甚为庞杂。孔祥楷认为，祭祀仪式是一个十分庄严的活动，"祭如在"（出自《论语·八佾》，意思是：祭祀祖先就如同祖先真在那里），只要心诚心到即可，祭祀人员的职责分工无须杂乱。经过与有关人士商讨，孔祥楷决定：祭祀仪式，以主祭一人、陪祭一人、礼生十人为宜。其他参祭人员只需按照划定区域依照程序祭祀。

(5) 确定祭祀乐章和祭祀程序

自古以来，祭祀孔子的乐章有六种，分别为《昭平之章》、《宣平之章》、《秩平之章》、《叙平之章》、《懿平之章》、《德平之章》。孔祥楷认为，祭祀孔子的乐章，既要表现孔子的思想，又要表现参与祭祀人员的心境，应该简洁明快，无须拖沓繁杂。于是，他决定选用最能体现孔子思想的《礼记·礼运》之《大同篇》为本，自己谱曲，作为祭祀仪式的主题乐章。

祭祀仪式的程序，在尊重孔氏南宗历代祭祀活动程式的前提下也进行了修正，使得更为简单明了。祭祀仪式的新程式共分四章：

第一章：礼启。礼启第一：奏乐；礼启第二：主祭人、陪祭人进位。

第二章：祭礼。祭礼第一：敬献五谷、文房四宝；祭礼第二：向孔子像行三鞠躬礼；祭礼第三：敬献花篮；祭礼第四：主祭人进香、敬酒；祭礼第五：主祭人诵《祭孔子文》；祭礼第六：主祭人、陪祭人复位。

第三章：颂礼。颂礼第一：诵《伟大的孔子》；颂礼第二：诵读《论语》章句；颂礼第三：全体参祭人员唱《大同颂》。

第四章：礼成。

附录

孔祥楷关于"当代人祭祀孔子"的论述

追　远

孔氏南宗家庙修葺复建工程竣工后，2000年7月1日，家庙整体对外开放。2001年，家庙所在的街道改造完成。2002年，衢州市委书记与我谈起2003年恢复祭祀孔子一事。社会各界对此事也有要求。我向市委书记建议，能不能将祭祀典礼放在2004年孔子诞辰日？他问我，为什么？我说，2004年是孔子诞生2555周年，中国百姓比较讲究逢五逢十的年头。书记应允了。

祭典筹备工作组由市委一位副书记、市政府一位副市长和我组成。第一次商量时，两位领导建议去曲阜看看每年怎么祭祀的。我说，北宗祭祀的录像光盘现成的，不用去看了，现在我们需要一个定位。他俩问："什么意思？"我说："谁祭孔子？"他俩同声说："当然是我们，这还用说？"我说："好，我们祭，也就是当代人祭祀孔子。"后来我把它戏说为"活人"祭孔子，不要把我们自己做得像前朝古人参加祭祀一样。

　　对先人的祭祀是人类社会的重要习俗，《论语》中有"慎终追远，民德归厚矣"（《论语·学而第一》，意思是说：谨慎地对待老人逝世，追念远代祖先，自然会导致民风归于淳厚。

　　"慎终追远"，中外皆然。纪念耶和华的复活节，是每年春分月圆之后第一个星期日。纪念释迦牟尼诞辰的维莎迦节，是每年5月13日。2002年，联合国宣布将维莎迦节定为国际纪念日。在中国称为"浴佛节"，时间为每年农历四月初八。这些都是缅怀先哲的纪念日，信奉基督教的国家与信奉佛教的国家都有祭祀盛会。这些祭祀，存在于两千多年来的各个历史时期与社会阶段，虽然仪式渐有变动，但有一条是稳定的：那就是相应时代的人祭奠先哲。故此，贯彻"当代人祭祀孔子"这一精神是对的。有一句话大家耳熟能详：只有想不到，没有做不到。现在我们想到了，而且也想得有道理，那么应该怎么做呢？一起讨论时，两位领导说："那由你去策划吧！有问题打电话，我们来解决。"这个担子就这样当然地落在我肩上了。

　　那段时间，我连着开了很多座谈会，有学术界人士、教育界人士、新闻界人士、人大代表、政协委员、民间人士等参加。我还不断向平时往来多的一些朋友讨教。首先是请大家畅谈，新中国成立后恢复纪念孔子的典礼怎么搞？第二个问题是，贯彻"当代人祭祀孔子"的原则这个想法对不对？怎么做？为广开言路，这两个问

题预先不作解释，而是先后提出议题。关于第一个问题，大家的意见基本上是一致的，也就是电视里看到的曲阜祭孔典礼与形式；也有人谈到祭轩辕黄帝，有人谈到绍兴祭大禹的典礼，甚至还有人谈到杭州曾经举行过的在钱王祠祭钱镠的仿古形式。在我讲我们打算贯彻"当代人祭祀孔子"的原则时，座谈会上就很少有人再提建议了。虽也都认为这个原则是对的，但总觉得无前辙可循，以至在某次座谈会上，有人还提到了人民政府领导的社会祭祀孔子，市委书记要不要参加，站在哪里的问题。我回答说，当然要参加，而且要站在主祭区正中间。类似这样想不到的问题会突然地放在我的面前。记得2009年，祭祀典礼由省人民政府主办。一天，我的电话响起，问我："如果省政府代表是女同志行不行？"这是省政府的电话，不能拖延。我稍加思忖，即回答："孔子是中华民族男人的孔子，也是中华民族女人的孔子，只要代表省政府，先生、女士都可以。"这个问题问得很突然，而且必须即刻回答，还要回答得正确。

他们说我反应快。其实不然，那是因为那些日子，我天天在想"当代人祭祀孔子"这件事，当然，男人和女人都是当代人。只有在这件事上有了较为深入的思考，对于这一类问题的回答，才不会是困难的事情。

我是2000年5月上旬到家庙主持工作的。当时大成殿孔子像前有一块牌位，上写"大成至圣先师之神位"，制作很简陋，是当时孔子像塑成时放上去的。我们重做了一块牌位，用最好的红木制作。做好后，上面写什么呢？我始终未想妥，于是成了无字牌位。我总以为应该还孔子一个中国教师先祖的身份，不应该有一个"神"字。别人问起，牌位上怎么没有字呢？我只得回答，刚做好，来不及刻字。临近2004年9月了，总不能恢复祭祀大典时，牌位上还没有字吧！我决定牌位上刻"大成至圣先师之位"八个字。之后，有明白人在拜谒时发现牌位上那个"神"字没有了，大家都认为这是对的。为什么？这也是今天社会对孔子的一种认识。孔子是人，是老师，是思想家，不是"神"。

　　2004年祭祀活动的一切工作都集中到我这里，我必须有全盘计划。"当代人祭祀孔子"是全新的工作，是一项繁杂的系统工程，整个活动不能有半点疏漏。既然把典礼上一切带有文艺表演的形式都取消了，但这一类活动也不能没有。于是策划了在孔子诞辰前一天晚上举行一个大型纪念晚会。整个晚会九十分钟，两项内容。一是话剧《大宗南渡》，二是大合唱《东南阙里》。那年5月之后，白天排话剧，晚上排大合唱。当时，我还把著名导演谢晋请来担任首席艺术顾问。谢导在晚会上有一篇讲话，他开篇就讲："明天是中国读书人的老祖宗孔子诞辰二千五百五十五周年……"

　　整个筹备工作虽然有时有点乱，但基本上还是在有条不紊地进行着。我真是夜以继日地工作着，以至于领导们怕我累病了。我说，没事，老祖宗保佑着呢！

中国孔子基金会的三位领导都来衢州了，我也没有时间拜访请教，直到祭祀典礼圆满结束，我陪一位副会长吃早点，并为他送行。他说的一句话吓我一跳。他说："老孔，你闯了祸了呀！"我忙问："怎么了？"他笑眯眯地说："你们这样方式祭孔，他们（指别的地方祭孔）怎么办？"

啊，原来是指我们"当代人祭祀孔子"一事。他们怎么办？那我可管不着。

祭如在

2004年初，某一大型文艺活动策划公司来找我，送上一份纪念孔子诞辰2555周年的策划方案书，而且封面上赫然写着"当代人祭祀孔子"的字样。啊，真神速！肯定是我召集的座谈会上有人把意思透露出去了。其实那时我自己心里还一点底也没有。文化公司居然将策划文案都做好了。我粗略一翻看，无非是各类大型活动的通用方式，如"继承篇"、"奋进篇"、"明天篇"等一类常见的大型活动的通用篇章，至于里面的内容，我也不必看，肯定是大型文娱活动的开场歌舞，某某明星独唱，大电视台的某某名嘴主播一类。我佩服他们的钻营、活动能力，从商的勤奋与用功。但与我预想的肯定是两条绝对不同的思路。我很礼貌地谢绝了策划公司的来人。但这件事真给我敲响了警钟——既然要走一条与当今很多祭祀活动不同的路，那么在祭祀活动中的一切事物都要有一个合理的设计。

《论语·八佾》述："祭如在，祭神如神在。子曰：'吾不与祭，如不祭。'"这是两千多年前孔子的教导。祭祀典礼是庄严的，参祭人要有真诚的态度。既然祭祀时如同先师在，那我们作为参祭人，当然应该以自己的真实身份参祭，否则"祭如不祭"，这就是"当代人祭祀孔子"的道理所在。

每年9月28日是孔子诞辰纪念日。经过多年祭祀实践，逐渐形成了我们"当代人祭祀孔子"的规制。

祭祀方式：每五年有一年是社会各界公祭，参祭人员范围大，尽可能邀请各地人员参加祭祀，周边各省已都邀请过。剩余的四年，其中有两年是祭孔大典暨文化节，还有两年是学祭，由各学校校长、老师、学生参祭。比如2013年的祭祀，主题是"推动现代职业教育"，全市各类职业院校都有代表参加，而且突出孔子的六艺教育，对推动当代职业教育、强调职业教育对国家建设的重要性，起到了很好的社会效果。五年中，用这三种方式轮流交替进行，使祭祀活动不局限于一种形式，并能有更多阶层的代表参与祭祀孔子的活动，更加有利于传统思想的推广与普及，使我们的祭孔活动更有持续性。

基本仪程：开会总得有个仪程。怎么使祭祀祖先的仪程不完全仿照古式，但也应该中国化一点，而且为现代人所接受？我们逐步完整了祭祀程序，分别是：礼启、祭礼、颂礼、礼成四个部分。每项中都有具体的内容，最有创意的是礼成时全体参祭人员合唱《大同颂》。《大同颂》歌词采自《礼记》之《礼运》篇，总共一百零七个字，是一种人类理想社会的描写，最后一句"故外户而不闭，是谓大同"。原来大同社会标准竟如此简单："外户而不闭。"当今世界上哪个国家能做到？美国家庭还可配枪支呢！

这首歌很多人会唱，即使不会，在典礼开始前，会场的扩音器不断播放，对照着歌词就能学得差不多。

时代印记：这是贯彻"当代人祭祀孔子"这一原则要着重考虑的事项，由《祭孔子文》开始我们就很注意这一点。《祭孔子文》是主祭人代表全体参祭人员向先圣表述今人对圣人的崇敬与汇报今天我们的社会和我们的生活。文章格式完全中华民族化，基本上是句长、字数一致的韵律文，中间有意插入个别不常用的字，如"黉"，在古代是"学校"的意思。再如，我们设计了参祭人员每人胸前的佩条，上面都绣有一句《论语》章句，各不相同。我们敬献花篮时，用一专门制作的、放大的、百姓日用的特大竹篮，里面盛满金黄色的菊花。参加祭祀的全体人员一律着当今正装，不能穿凉鞋，不许光脚穿鞋,女士们可以穿长裙。否则一律谢绝入场,以显示祭祀的庄严肃穆。

不落常套:这也是我们的创新。如献礼时,由两列相对的献礼代表,奉献五谷——粟、豆、麻、麦、稻等古时且今天人们食用的农产品,以及文房四宝;每位成人携一小童。两列队伍在音乐声中缓缓走向大成殿,极为庄重。在颂礼章中,由各阶层代表朗诵《论语》章句,有工人、农民、教师、学生、居民,还有外国朋友。外国朋友以十分生硬的汉语(其实是刚学的,并在稿子上用外文注音)朗诵。这种对《论语》的诵读,展示着中华民族传统思想的承传、弘扬。只有在这一类具体环节上精心设计,方能展示"当代人祭祀孔子"的风貌。

音乐设计:祭祀音乐是一种很难脱开已有旋律的音乐。那一段时间,我尽量不触及那些旧的、节奏十分缓慢的音乐,我把旋律基调定在光明、张扬的主调上。由于有了《大同颂》旋律的基础,所以祭祀音乐写起来相对容易一点,整个祭祀过程有四首曲,分别是主祭人就位,陪祭人就位,敬香献五谷,敬献花篮。现在看来,主祭人敬酒还需一首曲,但很难写,易与其他几首雷同。祭祀音乐也是我们当代人纪念大典的一大特色。无论现场听,还是平时听,都是不错的,有时代感。

收藏纪念:所有环节设计的用品,我们很留意物件的纪念意义。原则上说，参加祭祀的人每年都不同，除了一部分工作人员，如礼生、新闻工作者，因为他们几乎年年要为活动服务。大部分参祭人员都是第一次，所以在用品的纪念价值上我们很在意。如别在上装上的参祭佩条，开始用大号别针，后改用磁条，最后是磁条上印有"纪念孔子诞辰XXXX周年"字样，这样就值得收藏了。我们的参祭请柬，受邀嘉宾的姓名也是用毛笔书写的，这也是为了有心人收藏。

事事处处在各个细节上多动脑筋，这就更突出了"当代人祭祀孔子"这一原则。政府曾指示我们，整个活动要贯彻热烈、庄严、安全、节俭的原则，我们基本上做到了，如所有贵宾胸前的鲜花，我们是用庙里的银杏叶和柏树枝做的，难道只是为了省12元钱吗？

又快到9月28日了，请听大成殿礼启的庄严钟声！

走出庙堂（一）

2010年，有一次中央领导来家庙，我在大成殿给他介绍我们每年纪念孔子诞辰的典礼。他对我们贯彻当代人祭祀孔子的方式表示赞同，说："纪念中华民族的伟人应有当今时代的方式，要与时俱进嘛。"那天出于安全考虑，四周游客很少，一旁都是着便装的保卫人员，我俩在大成殿前甬道上合影留念之后，领导突然问我："你们除了每年的祭祀典礼之外，还做些什么？"听似一个简单的问题，但由此可看出这位领导想事情的深度。这个问题既好答也不好答，关键是平日里我们做了些什么事情。领导很平易，我俩边走边聊，当然我也选主要的，尽量简单介绍。看来，他是满意的，最后说了一句："这样好，走出庙堂，到青少年集中的地方去，多做点传统思想文化的传播工作，对国家、民族有好处。"

我们做了哪些工作？

最早开展的是小学生与初中生的《论语》学习，委托广播电台，开展"小学生学《论语》讲故事"和"初中生学《论语》演讲"。为什么先从小学、初中开始？这是因为小学、初中开展活动相对容易一点。

讲故事。老师会把《论语》某一章句，比如"己所不欲，勿施于人"给学生讲解明白，孩子们根据自己对这一章句的内容讲自己的认识，并从自己的生活中举出相关的例子，再由老师或家长将孩子自己的认识编成一个故事。这一活动，通过团市委布置到各县（市、区）团组织，再发动各小学报名参加，经过初赛、复赛，最后到市里参加决赛。复赛时，已经很热闹了。一位小朋友来参加比赛，起码有五六位大人陪同，爷爷、奶奶、外公、外婆、爸爸、妈妈，甚至还有亲戚。孩子穿戴喜庆，赛场像过节一样。有的学校还专门为讲故事的孩子制作简单的布景。一段《论语》故事牵动了那么多人，不断阐释、理解、表达，这不就是一种传统思想大范围的传播吗？至于讲故事的孩子，肯定从中受到更为深刻的教育，以至会铭记一生，影

响一生。开展这样的活动，让更多学生参加，它所产生影响的宽度与广度，不亚于一场名家学者的报告会。这叫作学习传统思想从娃娃抓起。

演讲比赛。初中生推行演讲比赛。小学生讲故事比赛，老师和家长的参与度大一些，毕竟孩子年龄小，很多环节需要家长、老师设计谋划。初中生的演讲比赛难度就大一点，先公布20条《论语》章句，由参赛的学生在老师辅导下做准备，如章句的解释、根据对章句的理解怎样组织演讲稿等。虽然所公布的《论语》章句不是很难理解，但对于一位初中生来说，限于其知识范围、生活经历，要理解还是相当困难的。记得第一年公布了23条章句，如"勇者不惧"、"先行其言而后从之"、"君子欲讷于言而敏于行"、"过则勿惮改"，等等。当然，老师在辅导学生时，尽可能让学生对每条章句有所认识，但不可能要求学生完成20多篇演讲稿。到比赛时，我们的比赛办法真有点近乎严酷：所有参赛的选手集中在一个地方，由每位选手抽签决定每人的演讲题目，就在现场自己写演讲稿，两个小时完成，按照演讲稿再抄写一份，底稿交给评比组，抄稿带回去准备演讲，比赛时要照原稿背讲。为什么要这样做？这是充分体现学生自己对《论语》章句的理解，并结合初中生的生活演讲出自己的体会，切断家长、老师对学生思维的干扰。这么做效果是好的，这同样是中华民族传统思想的普及。每次决赛时，看到一个个少年用自己对《论语》章句的理解，侃侃而讲，那场景感动所有在场的人。当然有时也会出现意想不到的事情。记得有一年，一位江山的初中女生，她演讲时一时语塞，忘了讲稿的内容，以至哭了。赛后我特地把她找来安慰她，与她合影，并送她礼物，孩子破涕为笑。这何尝不是一种教育呢？

辩论赛。高中学生的《论语》学习，我们采取辩论方式，每个学校组成一支参赛队伍，每队由四名辩手组成，一般由高中二年级学生组成。辩题从题库抽取，大概有两个多月的准备时间，但辩论的正反方要到比赛前两天才抽签决定。这样，每个学校的参赛队就要组织一支陪练队，根据辩题设计攻辩的内容展开模拟比赛。对指导老师，头几年不做规定，一般是语文老师、历史老师或政治老师担任，后来我提出各专业老师轮流担任。开始有不同看法，我在准备会上提出："难道对学生的思想道德教育不是所有老师的责任吗？所有专业老师都应该关心学生的传统思想教育有何不妥？"最后大家都接受了，指导老师开始由化学老师担任，有一年是数学老师。于是我放话："别着急，肯定有一年会是体育老师。"于是，老师们俏皮地封我为"折腾委员会主任"。也对，只要把校园文化折腾对，折腾好，折腾出积极成果，当这个"主任"又何妨！

孩子们的才能真是不可估量。在辩论现场唇枪舌剑，妙语连珠。这种生龙活虎的场面，只有你亲临现场，方能深刻感受得到。有

一次，在决赛辩论结束，评委们统计得分汇总时，中间约有十分钟的间隙，由我对决赛现场做总结述评，两队选手都在自己位置上。我突然说："现在我临时出一道辩题，我左边是正方，右边是反方。出题后没有准备时间，直接攻辩。请注意听题，正方是先有蛋，反方是先有鸡，开始！"赛场立刻热闹起来。这一古老的蛋鸡辨正题，孩子们立刻唇枪舌剑交锋了。难道我们真想辩清这一古老的命题吗？非也，重在孩子们参与，享受比赛的全过程，在漫漫人生中保留这一段美好的经历。我适时终止辩论，接着说："学生是条一直往前流淌的河。学校，无论小学、初中、高中、大学，都是码头。当河流经过码头时，码头要给河水一个清洁的环境，保护水质纯洁，不容一丝污染。"

用这种活动方式学习传统思想，学校能接受，学生能接受，家长也能接受。让孩子们在这健康的校园文化环境中茁壮成长！

走出庙堂（二）

中小学生三种形式的《论语》学习比赛取得成功，使我们坚定了走进校园传播传统思想的信心，那里是真正青少年集中的地方。今天，文化生活多元化，对学生们的诱惑五花八门，网吧、网络、智能手机，以致许多学生上网成瘾，整日整夜沉迷于网吧，不知道智能在他的脑子里还是在他的手机里。网吧门前就有公告："未成年人不得入内。"管用吗? 这些快餐文化随着肯德基、麦当劳一起闯入青少年的生活, 绝对不利于他们的身心健康成长。

如果没有适宜的方式, 只凭报告会, 是无法抗拒这一类"时尚"的诱惑的。于是, 我们在中小学生《论语》学习比赛取得一些成效的基础上, 配合市教育部门再开展一些校园文化活动。《论语》学习比赛每年举办。接着开始筹划校园剧比赛与中学生合唱节。这两项活动隔年举行一次, 由家庙管委会与市教育局主办, 各学校轮流承办。

校园剧。校园剧是一种"微话剧", 独幕, 表演时间为十五分钟。根据校园生活中常见的一些消极现象, 尽可能对照中华民族的优秀传统思想, 通过短剧的形式, 用艺术方式来进行学生自我教育。比如, 校园内的攀比风气, 有的学生不比学习而比穿戴是否名牌; 同学之间信任度下降, 做好事得不到理解甚至产生误会; 不感恩老师与家长, 等等。针对这些现象, 由老师组织创作班子, 并由老师导演, 以学生为主要演员。第一年就取得了很好的效果。

有的学校在剧本构思时也请学生参与。剧本的创作也是老师、学生文艺能力提高的过程。短话剧是很难写的一种文艺作品。一个好剧本少不了由主题引发的矛盾冲突、人物塑造以及矛盾解决。这之中还要运用一些剧本的写作技巧, 以及演出过程中的化妆、服装等。这一切对老师, 对学生都是一种很受益的艺术锻炼。

这项活动开展以来一年比一年有进步。一般来说，每个学校的剧本创作组相对固定。剧本是演出的基础条件，表演的内容都是反映校园生活的。比如，有一个校园剧批评的是校园内的攀比风，某学生想要买双"耐克"牌运动鞋，父亲开出租车，家庭经济条件并不富裕，于是产生矛盾。同班的一位女学生很节俭，务农的母亲来学校特地给她留下两根黄瓜，她还埋怨母亲，为何不卖掉多换点钱？对比之下，不就是无声地批评那种不考虑家庭条件，一味追求名牌的时尚消费吗？还有一个剧本的内容是，一位学生每天从食堂多买些包子馒头，别的同学误会她，以为她拿去出售，其实她是每天去给一位残疾人送饭。这样的误会当然可以入戏，对大家都是很好的教育。我们鼓励各学校不要只是为了比赛而开展这项活动，要在校园里让学生们利用课余时间自己创作校园剧，自编、自导、自演。当然，老师要多加关心、指导。这对校园文化建设大有益处。

合唱节。辩论赛也好，校园剧也好，参加人数还是有限的。我们又想到筹办中学生合唱节。合唱节主题是"爱祖国，爱家乡，爱校园"。要求也很苛刻：自己作词、作曲、指挥、伴奏、演唱，"五自己"。在商量时，一些学校都说难。是的，是难。我问："这样对学生，对老师，对校园有好处吗？"大家都说当然有好处。我说："不难有什么意思？干吧！"真是硬性推动。

那年中学生合唱节，我由歌词开始把关，因为歌词不校园化、不学生化，整个合唱就会事倍功半。接着再审曲，各校的作曲，都是由音乐老师真刀真枪做这件事。他们心里也没底。为了合唱节成功，我只好一家一家检查，提出意见。指挥、伴奏没太大问题。第一年合唱节，评委组是我请来的，都是音乐家，其中有省音协主席。比赛结束后，他跟我说："当合唱比赛评委，我干过几百次了，但从没见过学生合唱节自己作词、自己作曲、自己指挥的。你们的做法太奇了！"

奇什么？奇在为校园文化健康发展，我们不遗余力！奇得有益，奇得创新，为了孩子们的明天。

主要参考文献

一、史料类文献

1. [西汉]司马迁,《史记》卷四七《孔子世家》。

2. [唐]房玄龄等,《晋书》卷一九《礼上》。

3. [宋]孔传,《东家杂记》卷上《历代崇奉》、卷末《南渡家庙》。

4. [宋]李心传,《建炎以来系年要录》卷一五二、卷一五四。

5. [元]脱脱等,《宋史》卷七《真宗二》、卷一五《礼八》。

6. [明]宋濂等,《元史》卷七六《祭祀五》。

7. [明]沈杰,《三衢孔氏家庙志》,《衢州历史文献集成·文史专辑》第十册,中华书局,2013年。

8. [清]张廷玉等,《明史》卷四七《礼一》、卷五〇《礼四》。

9. [清]毕沅,《续资治通鉴》卷一二六。

10. [清]《钦定古今图书集成·礼仪典》卷一九八、一九九、二〇〇《文庙祀典部汇考》之一、之二、之三。

11. [民国]赵尔巽等,《清史稿》卷八四《礼三》。

二、研究类文献

1．［清］孔继汾，《阙里文献考》卷一四《礼第三》、卷二一《礼第五之二》。

2．［民国］徐映璞，《孔氏南宗考略》卷一《祭器乐器考第十一》，《衢州历史文献集成·文集专辑》第十册，中华书局，2013年。

3．高建军，《家规礼仪》卷一《孔府典礼》，孔子家族全书第三分册，辽海出版社，1999年。

4．谢昌智等，《衢州孔氏南宗家庙志》，浙江人民出版社，2001年。

5．崔铭先，《孔夫子的嫡长孙们·附录》，浙江人民出版社，2009年。

6．张晓旭，《南方文物·中国孔庙研究专辑》，江西省文物考古研究所，2002年。

此外，还有衢州市孔氏南宗家庙管委会所藏浙、苏、闽、赣之《孔氏宗谱》等。

后记

　　孔氏南宗自南宋之初衍圣公孔端友扈跸南渡、钦赐世居衢州以来，近千年的岁月里，因为嫡长孙一脉的繁衍生息，他们一直寓居于衢州。即便因为外出仕宦、出任学官，抑或外出谋生，侨居于皖、赣、闽、粤、桂、鄂、湘、黔、贵、川、琼等地，然而整个孔氏南宗，一直以衢州为中心。这是因为孔氏家庙在斯，孔氏脉源在斯，孔氏南宗每年祭祀圣祖在斯之故。

　　南宋时，受朝廷委派的祭祀孔子主鬯之责，自然由衍圣公孔端友担任。元朝初建，忽必烈要求第六代衍圣公孔洙载衍圣公之爵，返回曲阜担任祭祀主鬯人。孔洙固辞，只是接受了元世祖委任的学官之职，就返回了孔氏南宗居住地衢州。这以后，孔氏南宗家庙的祭祀仪式就由孔氏南宗族长和嫡长孙共同主持。到了明正德时，朝廷任命孔子五十九世嫡长孙孔彦绳担任翰林院五经博士。从此，孔氏南宗家庙的祭祀主鬯，就由一代接一代的翰林院五经博士担任，一直延续到中华人民共和国成立。

　　这一代接一代的祭祀仪式，虽说主旨从未有任何变化，但形式上却根据不同的社会形态有一些细微的改变。随着时代的不同，祭祀的形式和内容，比如着装、行礼、礼节等，也会有适应形势的变化。主旨不变，形式因时而变，也许就是衢州孔氏南宗祭祀的生命力顽强的体现。

多年来，孔氏南宗一直谋求将孔氏南宗家庙的祭祀仪式做一理性的总结，幸好浙江省给予了这一机会。于是，孔氏南宗即组织人员、按照省里的要求编写了这本书稿。

这本书稿中，介绍自南宋至清代末年衢州孔氏家庙祭祀孔子的仪式，由徐寿昌撰写；介绍自民国至今祭祀孔子的活动情况，由庄月江撰写；介绍孔氏南宗祭祀礼仪的主圀人，民国时期承袭大成至圣先师南宗奉祀官、孔子七十五世嫡长孙孔祥楷，由崔铭先撰写；书中图片由盛雄生收集整理；最后，全书由孔祥楷审定。

在付梓前，出版社特聘浙江大学教授、省"非遗"专家吕洪年审读，提出了许多宝贵的修改意见，谨表衷心的感谢。

编著者

责任编辑：金慕颜

装帧设计：薛　蔚

责任校对：王　莉

责任印制：朱圣学

装帧顾问：张　望

图书在版编目（ＣＩＰ）数据

衢州南孔祭典 / 崔铭先, 庄月江, 徐寿昌编著. ——
杭州 : 浙江摄影出版社, 2015.12（2023.1重印）
（浙江省非物质文化遗产代表作丛书 / 金兴盛主编）
ISBN 978-7-5514-1180-6

Ⅰ.①衢… Ⅱ.①崔… ②庄… ③徐… Ⅲ.①孔庙—
祭礼—介绍—衢州市 Ⅳ.①K892.98

中国版本图书馆CIP数据核字（2015）第278088号

衢州南孔祭典

崔铭先　庄月江　徐寿昌　编著

全国百佳图书出版单位
浙江摄影出版社出版发行
　　地址：杭州市体育场路347号
　　邮编：310006
　　网址：www.photo.zjcb.com
制版：浙江新华图文制作有限公司
印刷：廊坊市印艺阁数字科技有限公司
开本：960mm×1270mm　1/32
印张：5.5
2015年12月第1版　2023年1月第2次印刷
ISBN 978-7-5514-1180-6
定价：44.00元